才边的

数字人民币

赵竞竞 景 欣／著

西南财经大学出版社

图书在版编目(CIP)数据

身边的数字人民币/赵竞竞,景欣著.—成都:西南财经大学出版社,
2023.10
ISBN 978-7-5504-5905-2

Ⅰ.①身… Ⅱ.①赵…②景… Ⅲ.①人民币—数字货币—研究
Ⅳ.①F713.361.3

中国国家版本馆 CIP 数据核字(2023)第 156347 号

身边的数字人民币

SHENBIAN DE SHUZI RENMINBI

赵竞竞 景 欣 著

策划编辑:何春梅
责任编辑:何春梅
责任校对:周晓琬
封面设计:杨红英
责任印制:朱曼丽

出版发行	西南财经大学出版社(四川省成都市光华村街 55 号)
网 址	http://cbs.swufe.edu.cn
电子邮件	bookcj@ swufe.edu.cn
邮政编码	610074
电 话	028-87353785
照 排	四川胜翔数码印务设计有限公司
印 刷	四川新财印务有限公司
成品尺寸	165mm×230mm
印 张	14.25
字 数	295 千字
版 次	2023 年 10 月第 1 版
印 次	2023 年 10 月第 1 次印刷
书 号	ISBN 978-7-5504-5905-2
定 价	58.00 元

推荐序

自 2014 年法定数字货币研究小组成立，中国人民银行一直在法定数字货币这条路上探索，期间的种种举措，不仅向世界展示了大国央行对数字经济发展大局的把握；更是在全球金融经济数字化转型之际，与时俱进地向世界发出了属于中国的声音。我国央行通过一系列有益的探索，为全球数字货币、数字经济实践提供了宝贵经验。

数字人民币是稳妥的，所以需要时间。

数字人民币是法定货币，并不因为其发行、流通技术发生改变而产生法律性质的改变。但是由于科技的加持，数字人民币在流程、场景、体验等各个方面较之传统法定货币有所不同。货币体系是与金融体系、经济发展相匹配的一部分，稳妥是其第一要义，不能落后，也不能超前。数字人民币是否成功需要以人为本，从经济发展的角度评判这个新兴事物对于社会整体福祉的增进以及对未来社会发展的贡献。

数字人民币是科技的，所以需要创新。

数字人民币的探索对货币体系创新和金融监管体系创新两个方面都会产生深远影响。

一方面，全球对于法定数字货币创新已经普遍认可。国际清算银行（BIS）技术顾问罗德尼·加勒特（Rodney Garratt）在 2017 年发表《央行加密货币》一文，文中首次提出的"货币之花"概念模型拓展了货币概念，数字货币是这一模型中最重要的部分。"货币之花"概念模型被广泛认可后，国际货币基金组织（IMF）2019 年发布《数字货币的兴起》、世界经济论坛（WEF）2020 年发布白皮书《央行数字货币决策者工具包》，为各国的法定数字货币设计提供指导与帮助。数字人民币是全球法定数字货币创新的重要一环。

另一方面，在金融监管过程中，被监管的一方已经大规模使用了金融科技，中国人民银行监管时也需要各种科技创新手段。中国人民银行是全球最重视科技力量的央行之一，在探索数字人民币的过程中不断引进高新技术、招聘科技人才，确保我国的数字人民币在监管科技竞争上能够始终处于前沿、统观全局，使数字人民币成为金融监管的重要智能手段，防范金融系统性风险。

数字人民币是大众的，所以需要教育。

数字人民币的起点是顶层设计，但其赛道是市场化的，需要自下而上的市场力量推动。中国人民银行动员各类市场主体进行了数百万个场景创新试点，使得技术支持和商务模式越来越成熟，完成了第一阶段的市场教育，即市场主体了解与接受数字人民币。但是市场主体只是跟随，而不是主动创新场景和应用，靠中国人民银行一己之力进行全面创新比较困难与缓慢。这个过程中，最困难的是消费者教育。在近八年的时间里，中国人民银行不断地开展数字人民币的试点工作，但消费者对数字人民币的态度也一直起起落落，主要原因有以下几点：

第一，消费者对数字人民币有误解。由于文字符号上的联想，数字人民币与数字货币经常被混为一谈，数字人民币作为法定货币的改革载体，其主角光环也照耀了各种数字货币，但是数字货币发展的诸多问题却不断影响着数字人民币的发展，干扰了消费者对数字人民币的认知。2017年以来，我国多部门联合两次发布数字货币交易禁令。

第二，国际社会对数字货币的态度也影响了数字人民币在我国的推行。以2019年6月Facebook的Libra项目计划为代表的一批大型数字货币计划相继遭遇失败，使主流金融系统和各类市场主体对数字货币乃至法定数字货币都采取了谨慎态度。

第三，消费者对数字人民币的反应较为平淡。数字人民币消费体验和应用优势需要进一步发掘。例如：二维码支付让消费者不用再携带银行卡，良好的消费体验带来了市场的暴增。数字人民币也需要进一步发掘新智能、新功能，最重要的是让消费端能够主动接受。

数字人民币是我国经济发展的一个重要创新工程，任重道远，需要各种社会力量共同推进，金融科研工作者更是责无旁贷。我和作者景欣、赵竞竞都是大学校友，数字人民币的发展是我们一直在关注和研究的方向。这个领域的实务发展非常快，技术创新、应用创新、场景创新层出不穷。两位作者十分有耐心且全情投入，在这本书里对数字人民币进行了详尽介绍。这是金融科研工作者的公心，也是我对两位作者的钦佩之处。我非常荣幸能够获邀作序，谨以此序作为我们共同普及金融科技知识的一个开篇。

陈文君①

2023 年 8 月

---

① 陈文君，复旦大学张江研究院教授、数字经济研究中心执行主任。

前言

2020 年 10 月 8 日至 18 日，深圳在全国范围内率先启动了数字人民币红包试点活动，近 4.8 万中签的个人成功领取了"礼享罗湖数字人民币红包"，活动期间交易金额达 876.4 万元。苏州、成都、北京等地也多次发放了数字人民币红包。数字人民币在许多试点地区可用于零售支付、缴纳水电费、交通出行等多种场景。自此，数字人民币开始进入人们的视野，也逐步引发了社会各界的关注。社会公众对数字人民币充满好奇、疑虑和期待，迫切想了解数字人民币的相关知识。

目前试行的数字人民币从形态而言，就是人民币的数字化表达，它和我们常用的现金一样，在我国境内具有完全偿付能力，其发行与流通都受到法律保障。从使用和流通形式而言，其一，它依托于网络发行与流通，只能通过特定载体——手机 APP——才能被感知和使用；其二，它的使用方式比较多样，可以进行脱离银行账户的双离线支付与近场支付，除手机、二维码等目前常见的支付媒介外，还能通过智能手环、手套、眼镜等"软钱包"实现便捷交易。数字人民币的功能强大，除便捷性完全不逊于微信、支付宝等传统数字支付方式外，其安全性和隐秘性更强。

当前，数字人民币定位于部分取代流通中的现金，主要作为支付结算工具发挥作用，它会和微信、支付宝等第三方支付形式共存互补，不会完全替代现金。数字人民币虽然只在试点地区发行与流通，但它必将在越来越多的地区推广，也将为越来越多的群体提供更优质的支付选择。

数字人民币的问世，昭示着数字经济时代即将全面到来，它被赋予了成为连通我国数字经济与实体经济纽带的厚望，并为我国经济发展增添活力。但不可否认的是，它并非万能的工具，也存在局限性和缺点。从它的设想一经提出开始，就有一些不法分子盯上了数字人民币，与试点推广相伴相生的五花八门的骗局也着实令人防不胜防。在数字人民币时代即将全面开启之际，我们要做的，应是全方位地认识和了解数字人民币，提高自身金融素养，守住自己的"数字钱袋"。因此，写一本帮助大家学习数字人民币的新知识、新技能，提高防假识骗能力，全面介绍数字人民币的指南，是非常有必要的。

我们在数字经济、金融法务方面有着一定的从业及研究经验，并始终密切关注着国内外法定数字货币的研发进展。在相同的研究旨趣驱使下，我们共同编写了这本具有科普性质的图书，试图为大家解答什么是数字人民币、怎么使用数字人民币、数字人民币有什么样的前景等问题。期待大家通过阅读本书，能够获得数字人民币的基本知识，并从中收获乐趣。由于笔者才疏学浅，书中难免有不足之处，望广大读者批评指正。

赵竞竞   景欣

2023 年 8 月

目录

第一章

争议广泛的数字货币

数字货币不仅经历了几番如过山车般的市场行情，还不时地曝出盗窃、黑客攻击等丑闻，各类负面事件引起了各国中央银行、金融监管部门的关注，其背后的问题值得深思。

第一节　席卷全球的比特币现象

2009 年，首枚比特币被"挖掘"出来之后，这种新型货币逐渐受到人们的追捧，也引领了各类数字货币的发展，其大批拥护者形成了"币圈"①，而作为数字货币最典型代表的比特币更是成为"币圈"人士眼中的"数字黄金"。数字货币的兴衰反映了货币数字化的发展趋势，这种趋势不由得使理论与实务界人士深刻反思货币的本质与属性。

一、比特币的奇幻之旅

比特币诞生至今，从崭露头角到风靡全球，再到变成一般投资品，

---

① 币圈：数字货币的技术爱好者、投机者、使用者、交易者形成的圈子。

至少经历了三个阶段的大规模的涨跌行情。

第一阶段：新构想的提出。金融危机中货币超发、通货膨胀引发了广泛担忧，市场普遍希望优化货币发行机制。2008 年，一个化名为"中本聪"的人首次在一篇论文中提出比特币的概念。2009 年，首批比特币产生，其当时的市场价值仅为每枚 0.003 美元，获得极少数投资者的关注。

第二阶段：风头正盛。比特币数量恒定，机制与技术新颖，国外一小部分人将其当作货币使用，还有一大部分人则将其作为投资品。比特币投资一时间风靡全球，一跃成为"数字黄金"。2013 年 12 月，1 枚比特币价格首超 1 盎司黄金价格，月均涨幅为 521%。2014 年 2 月，1 枚比特币价格迅速暴跌至 110 美元左右。这一时期，比特币也赢得了中国投资者的青睐，中国一度出现了"比特币中国"的交易平台，"币圈"规模甚大。2014 年 1 月，比特币市值为每枚 5 032 元人民币，仅在次月下旬就跌至每枚 3 185 元人民币，跌幅达到 36.7%。国内比特币的投机特性，引起了中国人民银行等机构的关注。在相关风险提示中，比特币的货币属性被明确否定。

第三阶段：前景迷茫的投机游戏。发展至今，比特币早已冲出了加密货币的单一舞台，开始对包括美元在内的许多主权货币的地位产生冲击。研究显示，截至 2020 年年底，比特币的总市值已经高达 1 882 亿美元，仅次于美元、欧元、人民币、日元和印度卢比的 M0 供应量（分别为 1.95 万亿美元、1.38 万亿美元、1.15 万亿美元、1 万亿美元和 0.425 万亿美元）。然而即使成了流通量全球第六的货币，在成熟市场中，比特币也依然被视为投机品，这也使得其价格长期处于高频波动的状态：2017 年 12 月 17 日，比特币价格接近 2 万美元水平，却在 2018 年 11 月份跌破 4 000 美元；2019 年 4 月，比特币再次突破

5 000 美元，5 月份突破 8 000 美元；2019 年 6 月 22 日，比特币价格再度突破 1 万美元，五日后一度接近 1.4 万美元；2020 年 2 月，比特币价格又突破了 1 万美元，当年 12 月 27 日报价为 28 273.06 美元；2021年 1 月初，比特币涨至 4 万美元，至同年 2 月中旬首度突破 5 万美元大关；2021 年 5 月份，比特币价格跌破 3.5 万美元。纵观 2017—2021年的市场行情，比特币的发展前景实在令人迷茫。

二、比特币的市场反应

比特币的收发成本相当低，数秒内就能传输到互联网的任何角落，目前每枚比特币约合人民币 0.4 分，相比之下，跨国汇款需数日才能到账，手续费一般为汇款金额的 3%~10%。这个优势吸引了微软、戴尔等企业接受比特币支付。据不完全统计，有影响力的私人数字货币的市值已经超过 1.3 万亿美元[1]。

自面世以来，比特币一度成为风靡全球的金融投资品。一方面，这源于其所运用的新兴技术——分布式账本（DLT）[2]、智能合约[3]、密码加密等。这些技术使其更隐秘、更高效、更安全，并在迭代更新中，不断消除其原有的缺陷。另一方面，比特币总量恒定为 2 100 万个，部分国家政府支持比特币交易，使其具备了投资品的特性，也推

---

[1]　Coin Market Cap 网站数据（截至 2021 年 7 月 15 日）。

[2]　分布式账本（DLT, Decentralized Ledger Technology）：是一种在网络成员之间共享、复制和同步的数据库。分布式账本记录网络参与者之间的交易，比如资产或数据的交换。这种共享账本消除了调解不同账本的时间和成本。

[3]　智能合约（Smart Contract）：是指可以自动执行部分功能的协议，触发预设条件即可自动执行预设任务。

动了其交易价格的高涨。然而，比特币是虚拟的投资品，具有高风险、高预期收益的特性，其短期价格容易震荡波动，极易受到监管政策、网络设备、能源消耗等的影响。比特币等数字货币具有的隐匿性等特性，使其容易被用于洗钱、恐怖主义融资、暗网交易等违法犯罪活动。2014 年，全球最大比特币交易所 Mt. Gox 的 85 万个比特币失窃，造成 4.60 亿美元的经济损失。

第二节　数字货币的"表"与"里"

比特币等数字货币实则仅具备货币之表象，并不具备货币的本质。

一、存在于"币圈"的数字货币

提起数字货币，人们往往首先会想到比特币，觉得比特币才是数字货币的源头。其实人们很早就开始探索数字货币，只有比特币是比较成功的尝试，于是其很快便举世瞩目，因此，比特币可谓数字货币的里程碑之一。由于比特币颇为成功，是世界上首个被广泛接受的数字加密货币，因此其货币符号已被嵌入数字货币的通用标识。

比特币的蓬勃发展引起了"币圈"的兴趣，技术人士创建了各类数字货币。相关数据表明，全球数字货币市场已有 1.4 万多种数字货币，总市值超过 2.4 万亿美元。各类私人数字货币鱼龙混杂，有的昙花一现，有的经久不衰，其大致可分为比特币、竞争币与数字资产币，或者可分为比特币与类比特币、稳定币①。其中比特币独领风骚，在数字货币市场占据主导地位。

比特币的各类技术颇具吸引力，"币圈"中很多人仿照比特币技术，创造了大量竞争币。这类数字货币有与比特币类似的运作机制与功能，却局限于各区块链项目，且稳定性、实用性等均不如比特币，其中以泰达币（USDT）②、瑞波币（XRP）③ 等最出名。泰达币与法定货币美元挂钩，1 单位泰达币与 1 美元等值，故其波动性很小。它存在于外汇储备账户，获得法定货币支持，其算法与运营均符合国际合规标准，虽然可以避免比特币的诸多风险，但无法根除其固有的安全风险。瑞波币（XRP）是世界上首个开放的去中心化平台币，通过向社区用户赠送、挖矿、批发或发放员工工资等方式运营，在 Ripple 系统内通用，发行总量为 1 000 亿枚。莱特币（LTC）发行 8 400 万枚，目前已通过"挖矿"产出 6 370 万枚，依靠专门的开源软件运营。币安币（BNB）④ 是平台代币，发行量为 2 亿枚，目前对外发售 1 亿枚，其发行主体币安交易所是世界第三大数字货币场内交易所。其价值基础为以太坊的去中心化数字资产，由币安平台收入、回购、销毁币安币，其稳定性较比特币高。柚子币⑤，以 EOS 为框架搭建了区块链 3.0

---

① 稳定币：提供价格稳定性和/或由储备资产支持的新型数字货币，旨在避免比特币等数字货币波动性大的缺陷。

② 泰达币（USDT）：将加密货币与美元挂钩，是一种保存在外汇储备账户、获得法定货币支持的虚拟货币。

③ 瑞波币（XRP）：是 Ripple 系统中唯一的通用货币。

④ 币安币（BNB）：是由币安交易所发行的平台代币。币安交易所是全球三大场内交易所之一。币安币发行总量 2 亿枚，对外发售 1 亿枚，是基于以太坊的区中心化数字资产。

⑤ 柚子币（EOS）：发行总量为 10 亿枚，是 EOS. IO 区块链系统发布的基于以太坊的代币，该代币拥有 EOS. IO 网络（旨在拓展分布式应用的性能）的使用权。

的平台，引入了 DPOS 的共识机制，以超级节点保证运营稳定，社区用户享有投票权，但其中心化程度较高。以上私人数字货币实现了技术迭代，改进了比特币存在的缺陷，成为颇受"币圈"及相关社群欢迎的数字货币。

随着技术不断革新，一些大型科技平台也开始探索稳定币，最令人瞩目的成果就是 Libra。2019 年 6 月，Facebook 加密货币项目 Libra 白皮书发布，声称这种数字货币与一篮子法定货币挂钩，以 Facebook 的储备资产为支撑，目标是成为国际货币、全球性支付工具。该白皮书刚刚发布，便引起了美联储、欧洲央行等监管机构的关注。该方案的推行多次受挫，Facebook 创始人扎克伯格出席了多次听证会回应质询，不得不将白皮书改版，声称"致力于在依法合规的条件下改善跨境支付环境，为更多'草根'人群提供普惠金融服务"。从已公布的第二版白皮书看，Libra 具有更优化的结算功能，在使用场景中不用于计价，而主要用于跨境结算，旨在成为全球性支付工具，意欲纳入各国金融监管。2020 年 12 月，Libra 更名为 Diem，仅以 1：1 的比率锚定美元，表示将更严格地遵守全球监管法律法规，具备全球包容性。无论 Libra、Libra2.0，还是 Diem，它们至今均未获得任何监管机构的认可，因此其发行计划暂时被搁置。尽管 Diem 尚未问世，但它对法定数字货币、私人数字货币等影响甚大。

二、脱去华丽外衣的数字货币

单单从数字货币的外观、功能与应用来看，数字货币似乎发挥了货币的作用，但我们需要透过技术应用的表象、结合货币的职能分析其本质属性。

　　我们常见的 QQ 币、论坛币等都是虚拟货币①，都是在游戏等虚拟世界中使用的简单代币②。通常来说，所谓的数字货币，属于数字加密货币或加密货币，其表现形式与虚拟货币有一些共性，但其运用了更先进的数字技术，使其可以不局限于虚拟空间而流通与应用。比特币也好，莱特币也罢，都具有以下共性：发行、流通与使用都不依托于任何实物，都以密码加密技术③、网络 P2P 技术④为基础，由计算机程序生成与运营。这些新兴技术优化了数字货币的性能，但还需结合货币的职能进行比较来判断其是否属于货币。

　　马克思认为，货币本质上是充当一般等价物的工具，具有价值尺度、流通手段、交易媒介、贮藏手段、世界货币的职能。从比特币、稳定币的流通、应用等情况来看，数字货币似乎具备了货币的职能。数字货币是通过"挖矿"等算法得到的，耗费了一定的电力，"矿工"、程序员等主体投入精力和时间。比特币等数字货币虽不见实物，却具有一定的价值，但这并不意味着这类数字货币在质的方面可以表现为一切商品，在量的方面能比较和衡量一切商品。换言之，比特币等数字货币不完全具备货币的价值尺度功能。货币之所以为货币，是

---

　　①　虚拟货币：是网络世界使用的一种价值的数字表达，由私营机构或网络社区发行或管理，一定程度上承担了网络世界计价单位、交换媒介或价值贮藏的职能。

　　②　代币的外形与货币相似，但使用范围有限、并且不具有像货币那样的通货效力。游乐场的游戏币就属于代币的一种形式。

　　③　加密技术：是最常用的安全保密手段，利用技术手段把重要的数据变为乱码传送，到达目的地后再用相同或不同的手段将其还原。

　　④　P2P（Peer-to-Peer）技术：点对点技术，又称对等互联网络技术，是一种依赖网络中参与者的计算能力和带宽的互联网技术。在一个计算机网络中，每台计算机相对于在网络上的其他计算机都可以充当一个客户端或服务器，计算机之间允许共享访问而不需要中央文件和外设服务器。

因为其价值尺度背后有绝对法定偿付效力作为支撑。其效力来源于政府的支持，这就取决于一国的社会经济发展状况及其综合国力。货币能够成为价值尺度的原因，在于其安全性、稳定性、便捷性与普适性。数字货币是否符合这种要求，需要根据具体情况分析。

比特币是技术精英的创造物，虽具备较高的安全性、便捷性，但仍存在很多安全隐患：它的价值波动性远超实物货币，很容易成为市场投机的对象；比特币只在"币圈"或者接受比特币的人群、企业中发挥货币作用，更多的社会公众很难接受比特币作为货币。稳定币虽提升了安全性，可以避免被盗窃等风险，但仍无法避免意外事件的影响。2022 年 5 月，Luna 币发生暴跌事件①，其价值在极短时间内变得几乎一文不值。这表明稳定币仍存在稳定性漏洞。从流通范围来看，比特币的受众仍然很小，无法像实物货币那样广泛流通于经济社会的每个角落，其运作方式更像是一种金融投资品。各类稳定币的流通范围也受限制。因此，比特币、竞争币、稳定币都缺乏实物货币的流通手段职能。比特币可用于购买、偿债、支付工资等，其支付场景较其他数字货币更广，而大多数数字货币仅在一定范围内被当作支付工具。比特币、Libra 等大都被当作投资品，具备贮藏财富的职能，但是其价格极具波动性，无法像实物货币那般稳定，人们不可能将一种容易缩水的货币当作财富进行贮藏，因而其贮藏财富职能还是大打折扣的。比特币、Libra 虽能跨越国界流通，但其世界货币职能无法与实物货币相比。不仅如此，数字货币的运营态势还暴露出无法根治的软肋——

---

① Luna 币：是由去中心化金融机构 Terra 发行的一种算法稳定币。其持有人可以使用这种代币以兑换 TerraSDRs 稳定币。

"区块链不可能三角"① 问题。也就是说，各类数字货币无法完全兼顾去中心化②、安全和效率，比特币的最大缺陷是效率问题，Libra 的最大障碍是克服去中心化的难题。然而，Luna 币暴跌事件说明即使是稳定币，也无法完全解决安全等问题。也就是说数字巨头、技术精英的信任无法取代国家信用。

比特币等私人数字货币具备去中心化、社区信用、数量限制、不可逆性与高度匿名性，虽然看似可以解决实物货币悖论等难题，但无法像正常的货币那样发挥作用。因此，数字货币不能被认定为货币。尽管如此，数字货币的试验使我们必须反思货币的本质、货币的职能等问题。央行如何积极回应数字金融发展趋势，利用新兴技术革新法定货币，如何引导和规制法定数字货币与私人数字货币……已成为新时代各国不得不认真对待的问题。

第三节　监管回应与 CBDC 的出现

比特币等数字货币引发了国际社会的广泛关注。

相关国际组织注意到了比特币、稳定币的潜在风险，先后发布了一些风险提示及政策指引。各国央行、监管部门对比特币的态度不同。美国官方不承认比特币是货币。美国财政部 FinCEN 于 2013 年 3 月制

---

　　① "区块链不可能三角"：是指在分布式架构的设计与应用中，无法同时满足去中心化、安全和高性能的特性，只能符合其中两个。
　　② 去中心化（Decentralized）：去掉第三方机构，系统中人人平等，没有任何一个人有更高的权利。

定了有关虚拟货币交易的政策指引，商品期货交易委员会、证券交易委员会等机构制定了相关监管政策，FBI 关闭了网络黑市 Silk Road，其创始人也被处以终身监禁。美国纽约州制定了虚拟货币监管条例。2013 年年初，法国比特币交易平台"比特币中央"被法国政府批准，成为取得国际银行账号的准银行。同年，泰国央行认定比特币交易仍为非法交易，泰国比特币交易公司通过官网宣布停止比特币交易。德国财政部正式认可比特币为一种可被征税的"货币单位"和"私有财产"，德国成为世界上首个认可比特币合法地位的国家。欧洲银行业监管局已敦促成员国的监管当局阻止金融机构开展比特币等虚拟货币的相关交易。

在我国，比特币等私人数字货币经历了由允许交易、限定交易到取缔交易的过程。2013 年，根据中国人民银行、工信部、银监会、证监会和保监会联合发布的《关于防范比特币风险的通知》，比特币只是一种特定的虚拟商品，各金融机构和支付机构不得从事比特币相关交易和服务，比特币互联网站也应依法备案，依法实施用户注册管理等。可见，我国对比特币等数字货币的态度与 Q 币等虚拟货币的态度一致，将之限于虚拟交易。2018 年至 2020 年，中国人民银行等机构陆续出台相关监管措施，完全取缔了我国境内的比特币等数字货币交易，盛极一时的中国数字货币交易平台消亡，火币、币安、OKEx 等数字货币交易平台陆续退出中国境内市场，"币圈"人士要么转战境外市场，要么彻底退出。值得注意的是，萨尔瓦多政府宣布，比特币与美元同为该国法定货币。萨尔瓦多成为世界上第一个将比特币视为法定货币的国家。2022 年 1 月，该国所持的比特币资产遭受巨额亏损，以致于 IMF 发出警告。目前，比特币等私人数字货币风光不再，金融监管部门审慎监管，但"币圈"人士依旧趋之若鹜，于是一些国家的央行、金融机构正在探索区块链技术的金融运用，试图优化货币属性。

随着私人数字货币的崛起，各国央行高度重视区块链等新兴技术的应用，试图运用新兴技术解决实物货币悖论，也解决数字货币"区块链不可能三角"的问题。在比特币经历几番暴跌暴涨后，各国央行、监管机构就开始探索研发法定数字货币的可行性。中国人民银行于 2014 年启动数字人民币的研发工作，可谓是各国央行中的先行者之一。2019 年以前，除瑞典央行在研发电子克朗①外，大多数发达经济体央行对法定数字货币普遍持谨慎态度，新兴经济体则积极尝试，但有的国家因技术难题等遭遇失败。2019 年，随着中国人民银行宣布试运行数字人民币，欧美央行陆续发布数字美元、数字欧元与数字英镑等方案，各国央行掀起研发法定数字货币的热潮。国际清算银行 2021 年的调查显示，各国央行明显加快了法定数字货币的研发进度，全球大部分央行计划于短期或中期内发行各自的央行数字货币。

① 电子克朗（e-krona）：是瑞典中央银行针对现金流通量明显下降设计的一种法定数字货币，已于 2021 年 2 月进入试点项目第二阶段测试。

第二章

数字人民币来了

　　在关于数字货币的争议声中，数字人民币试点工作不断推进，诸如 DE/CP①、e-CNY② 之类的字眼常常见诸各大媒体。大家或许对数字人民币在部分城市内测、试点早有耳闻，也听说过苏州、深圳等地以数字人民币的形式发放公务员的工资。但很多人仍旧充满疑问：数字人民币到底是什么？它跟比特币、Libra 一样吗？它与微信支付、支付宝支付相比有什么区别？它有哪些创新与突破？接下来，就让我们一起揭开数字人民币的"神秘面纱"吧。

第一节　数字人民币的问世

　　数字人民币的问世并非一蹴而就，而是经历了几年漫长的探索与

---

　　① DE/CP（Digital Currency/ Electronic Payment）：这是 2019 年我国宣布启动数字人民币试点时采用的名称。从英文字面意思来看，更强调电子支付。2020 年以后，e-CNY 成为数字人民币常用的英文名称。二者都是数字人民币的名称，学界、实务界同时运用这两个术语。

　　② e-CNY 是目前数字人民币的常用名称，采取国际通行表达方式。其中，e 是英文单词 electronic 的缩写，代表电子或数字，CNY 是英文 China Yuan 的缩写，其中 CN 代表中国，Y 代表人民币的单位"元"。

实践。在此期间，参与研究的机构不断加强合作，不仅从理论上论证了数字人民币存在的目的、价值，而且通过由点到面的方式，在全国各地展开了极具针对性的试点工作。

一、数字人民币的研发历程

自 2014 年起，中国人民银行就已经紧跟国际脚步，着手探讨在中国发行数字货币的可能性，并为此组建了许多专门机构一起为数字人民币的诞生保驾护航（见表 2-1）。

表 2-1　中国人民银行数字人民币研发大事记

时间	机构完善	研发进展
2014 年	法定数字货币研究小组成立	探讨法定数字货币业务框架、关键技术、流通环境、国际经验等，形成第一阶段理论成果
2015 年		中国人民银行完成了法定数字货币原型的两轮修订
2016 年	数字货币研究所成立	搭建中国第一代法定数字货币概念原型
		将数字票据交易平台作为法定数字货币试点应用场景，启动数字票据交易平台封闭开发工作
2017 年	数字货币研究所正式挂牌	选择大型商业银行、电信运营商、互联网企业参与研发
2018 年	数字货币研究所全资控股的深圳金融科技有限公司成立	数字货币高端研发、科技成果孵化、科技交流合作
	南京金融科技研究创新中心和中国央行数字货币研究所（南京）应用示范基地成立	数字货币加密算法和区块链底层核心技术研发
2019 年	长三角金融科技有限公司成立	法定数字货币基础设施建设、试点场景技术支持、配套研发与测试

二、数字人民币的外观

很多人会好奇地问:"数字人民币到底长什么样?"人们都想一睹它的真容。目前,各大国有银行都推出了数字人民币服务,都开发了各自的数字人民币钱包 APP。如图 2-1 和图 2-2 所示,数字人民币 APP 中的数字人民币图样十分醒目,很像常见的人民币现金图样。

图 2-1　数字人民币的外观（中国银行版）

图 2-2　数字人民币的外观（中国建设银行版）

我们既可以用数字人民币来充值、转账、支付等，又可以绑定已有的银行卡。由此可知，数字人民币不仅是一种法定货币，也是一种电子支付方式。

第二节　发行数字人民币的目的

数字人民币及其试点工作日益引发国内外关注。国外不少媒体猜测我国发行数字人民币的意图，有的认为是挑战美元地位，有的说是要重新主导电子支付市场，还有的认为是要加强资金管控。这些说法主观臆测和描述表象类的内容居多。结合央行白皮书与专家观点，不难看出我国发行数字人民币的主要目的，在于改善我国的支付生态环境。

一、社会公众需求

数字货币诞生的直接动因和主要原因在于，实物货币的弊病太多，诸如运输不便、破损率高、供给不稳定、有假币混杂等。货币的主要用途在于担当交易媒介，通过支付结算实现其促进交易的归宿，成为居民或企业资产、财富的代表。数字人民币有助于实现货币发行与流通的数字化。随着电子商务产业的兴起，人们在日常生活领域使用的现金逐渐减少。二维码支付①、移动支付②等新兴支付手段应用日益增多，也催生了广大居民对货币数字化的需求。但私人数字货币存在不稳定、安全隐患多等缺陷，无法兼顾安全、稳定等需求，仍然无法解决实物货币的弊端，反而滋生了新的问题。因此，央行有责任为社会公众提供便捷、安全、稳定的数字人民币，使社会公众有权选择更多元的支付手段。

此外，在我国一些偏远地区与欠发达地区，还有一些居民因文化

---

① 二维码支付：一种基于账户体系搭建起来的新一代无线支付方案。商家可把账号、商品价格等交易信息汇编成一个二维码，并印刷在各种报纸、杂志、广告、图书等载体上发布。用户通过手机客户端扫描二维码或商家使用电子支付工具扫描用户的付款码，便可实现与商家账户的支付结算。

② 移动支付：也称为手机支付，就是允许用户使用其移动终端（通常是手机）对所消费的商品或服务进行账务支付的一种服务方式。可被分为近场支付（刷码乘坐公交、刷码购物等等）和远程支付（网络银行、手机银行、转账、汇款，等等）。

水平较低，远离金融机构网点，难以改变传统金融服务的使用习惯。他们既无法开立银行账户，也不会使用或无法使用各类金融工具；他们长期被正规金融服务所排斥，也需要更加方便、快捷、安全的新型金融服务。另外，一些短期内来我国旅居、旅游的国际友人也面临汇兑手续复杂等问题。数字人民币不仅可以为更多的人群提供数字人民币钱包服务，也可以满足短期入境的国外朋友无须办理手续享受便捷服务的需求。

二、宏观调控需要

央行通过制定和执行货币政策，以实现经济稳定、就业稳定、稳定通货膨胀、国际收支平衡的目标。在日常货币政策操作中，需要了解全社会资金周转情况。微信和支付宝等支付工具的广泛使用，使大部分资金游离于央行与商业银行监测之外，形成大数据平台独有的数字闭环系统。央行无法全面了解货币运行情况，从而影响了宏观调控的精准性。而数字人民币可以实现与第三方支付①的联通，有助于央行全面了解资金运行情况，从而更好地实现宏观调控目标。

---

① 第三方支付：是指具备一定实力和信誉保障的独立机构，通过与银联或网联对接而促成交易双方进行交易的网络支付模式。如微信支付、支付宝支付，等等。

三、货币发展趋势

从实物货币①、金属货币②到信用货币③，货币的发展历经了多次的形态变更。货币越来越成为一种"符号"，成为各类信用相互置换的产物。当信用交易的观念深入人心时，人们便普遍产生摆脱现实条件束缚完成交易的需求，社会公众需求与技术共同驱动货币形态演变。随着人们发明了电脑，其极大地提升了运算速度与效率，电子技术也促使货币管理业务实现了长足进步。数字技术使安全技术、运算能力等实现效能倍增，更有助于交易效率的提升。央行与商业银行在投放回笼实物货币时，需要经过印制、储存、运输、守押、保卫等环节，会耗费较多的人力、物力，产生一定成本。实物货币在发行与流通中也存在一些成本。而数字人民币将优化人民币的发行与流通机制，将其投放回笼转变为依据央行算法的数字流转过程，如此便可节约大量的货币管理费用。数字人民币将在数字经济中发挥重要作用，与实物货币形成互补。

---

　　①　实物货币（commodity money）：在商品交换的长期发展过程中产生的最初的货币形式，是商品间接交换的一般价值形态的表现，最初被固定在某些特定种类的商品上。如雅浦岛的石块、盐巴、贝壳等等。

　　②　金属货币：是指以金属作为货币材料，充当一般等价物的货币。比如金块、银块、金元宝、秦半两、开元通宝等等。

　　③　信用货币（credit money）：是由国家法律规定的，强制流通不以任何贵金属为基础的独立发挥货币职能的货币。现代国家通用的法定货币基本都是信用货币。

四、国家战略需求

发行数字人民币，能够满足我国各项经济社会发展的需求。私人数字货币的流行，不仅会扰乱正常的经济金融秩序，而且会助长社会公众的投机情绪，甚至影响整体经济稳定与安全。我国央行与监管机构已严禁各类数字货币交易活动，关停与封堵了私人数字货币的交易平台。然而，一些"币圈"人士仍在进行一些地下活动。数字人民币的发行与推广，可以取代私人数字货币，一定程度上可以减少监管机构对地下数字金融的监管负担。此外，数字人民币还可避免私人数字货币带来的金融脱媒现象。数字人民币具有可控匿名性，便于监管机构、公安机关、司法机关依法调取相关数据，监测、分析涉嫌洗钱、恐怖主义融资等违法犯罪活动，可以提升反洗钱、反恐融资的效率。数字人民币也能实现财政资金的精准投放，为广大农村地区实施乡村振兴战略及相关帮扶政策提供便利。此外，数字人民币有助于解决跨境支付中费用昂贵、跨越司法管辖等难题，符合 G20 集团、IMF 等国际组织倡导的理念，有助于改善国际支付生态环境。数字人民币的高效、安全与便捷等优点，也将有助于我国实施"一带一路"倡议等政策措施，推进人民币国际化进程。由此可见，我国发行数字人民币主要是为广大社会公众提供便利。

各国发行法定数字货币不应以国家货币竞争为目的，而应在国际秩序共识下开展合作，实现国内外实体经济与数字经济的"双赢"。

第三节　数字人民币的测试与试点

数字人民币的原型设计可以说考虑到了多方面的问题，但在实践中它的设计框架是否实用、运行流程又是否会出现不适反应呢？数字人民币这种新型货币的落地和推广，往小了说，关系到我们老百姓的日常生活；往大了说，关系到我们整个国家的金融安全，容不得半点纰漏。因此，为了确保数字人民币的发行万无一失，还有两个环节必不可少，那就是——"封闭测试"和"试点"。

一、"4+1"封闭试点测试

2020 年 1 月，数字人民币已经基本完成顶层设计、标准制定、功能研发和联调测试，正式进入"2.0 时代"——"封闭试点测试"阶段。中国人民银行数字货币研究所宣布采用"4+1"试点模式，首先在深圳、苏州、雄安新区、成都以及冬奥场景进行内部封闭试点测试（见图 2-3）。

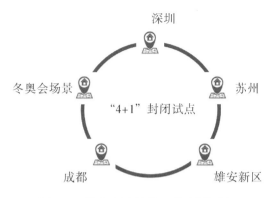

图 2-3 数字人民币 "4+1" 封闭试点

下面就让我们一起走进这些试点区，看看第一批数字人民币究竟都是怎么投放、怎么使用的。

（1）开推介会。宣传推广数字人民币，最直白的方式莫过于开推介会。2020 年 4 月 22 日，雄安新区管理委员会组织召开了一场特别的推介会。推介会邀请了包括麦当劳、星巴克、菜鸟驿站、京东无人超市等 19 家试点企业商户以及相关的数字货币研发机构，共同对雄安新区的数字人民币试点设计信息互通有无。

（2）发工资、发补贴。要实现数字人民币试点推广的风险可控，将应用场景设计为发工资、发补贴这种"小范围、非高频"的发放途径，是一个比较理想的办法。2020 年 5 月，苏州就率先在相城区进行了试点工作，将区内各级机关、事业单位和直属企业职员的交通补贴的 50% 以数字人民币的形式发放。

（3）发消费红包。要让数字人民币以最快的速度走进老百姓的生活，"发红包"无疑是一个很好的选择。由于这种途径"门槛低、覆盖面广"，封闭试点区内的一波波数字红包浪潮，迅速激发起公众对于数字人民币的好奇心和热情。为了刺激消费，这类数字人民币"红包"与我们以前经常收到的传统纸币红包不同，其往往属于"消费红包"，也就是说里面的钱不能用于储蓄只能用于消费，受领者如果不在一定期限内将其用于消费，这些数字人民币就会被收回。

最早进行大规模数字人民币红包发放试点工作的城市是深圳。2020年10月，深圳市人民政府联合中国人民银行深圳中心支行（现为中国人民银行深圳市分行）开展了数字人民币试点以来的首次"红包公测"。深圳市政务服务数据管理局在其官方公众号"i深圳"上发布了一条"2020礼享罗湖"促销活动的信息，宣布将面向深圳的个人（包括非深圳户籍人员）发放总计1 000万元的数字人民币红包，每个红包金额为200元，红包数量共计5万个。有意向参与活动的深圳市民，只需在规定时间通过"i深圳"公众号或者"i深圳"APP进入相应的预约平台，填写个人资料（姓名、身份证号、手机号）并选择一个"个人数字钱包"开立银行（无须在这个银行拥有账户），经后台资料审核通过后，即完成预约。最终将由主办方在预约者中以抽签的方式确定红包发放的对象。中签人员下载安装"数字人民币"APP后（非中签人员无法下载这个APP），根据预约信息即可领取200元数字人民币红包。这些红包里的钱在使用时与现金一样，可在有效期内（逾期不使用的则将被收回）到罗湖区辖内的3 389家商户进行消费，这些商户的使用场景包含了商场超市、日用零售、生活服务和餐饮消费等各种类别，直观地测试了数字人民币在实际生活消费场景中的应用情况。

2020年12月，苏州也发放了一大波数字人民币红包，让数字人民币与火爆的"双12购物节"来了一次梦幻联动。这一次，苏州面向符合条件的市民发放了总计2 000万元的数字人民币消费红包，每个红包金额为200元，红包数量多达10万个。2020年12月11日，苏州市民吴先生通过预约摇号，幸运地领取到了200元的数字人民币消费红包。在得知红包不仅支持在苏州市范围内指定的近万家商户线下消费，还支持通过指定的电商进行线上消费后，在"双十二"当天，吴先生先是在手机京东商城 APP 为家人选购了过冬用的暖手宝，共计99 元。此后又来到线下实体店为女儿购买了一件价值 125 元的生日礼物。在用 POS 机扫码支付时，由于数字人民币消费红包的金额不足，吴先生便在商家的指导下从个人农行账户中充值了 24 元至数字人民币消费红包中，并最终完成了支付。在此次试点测试中，中签市民在使用数字人民币消费时，系统会优先扣除数字人民币消费红包的金额，不足部分由个人以其他支付方式补足。

（4）助力奥运。早在 2020 年 12 月 29 日，北京就在地铁——大兴机场线启动了数字人民币冬奥试点应用。活动体验者受邀开通了数字人民币钱包，使用数字人民币购买大兴机场线的地铁票，并体验了使用数字人民币可穿戴设备钱包——滑雪手套"碰一碰"通过地铁闸机进站。2022 年圆满落幕的北京冬奥会、冬残奥会给世界带来了一场赛事盛宴，第一次将数字人民币推向了国际舞台，同时也打破了 Visa 对奥运会长达 36 年的支付服务垄断。在冬奥场馆内，超过 40 万个使用场景涵盖了食、住、行、游、购、娱、医七大领域，境内外消费者都可以在安全红线内，同时通过线上和线下两个渠道兑换和使用数字人民币。来自世界各地的消费者，可以直接通过境外手机号下载数字人民币 APP 并开立数字钱包，或者直接到中国银行等数字人民币运营机构在冬奥现场的网点、冬奥签约酒店、自助兑换机兑换"硬钱包"。比如，有外国运动员在冬奥村用数字人民币买到了可爱的冰墩墩，回国前还能把没用完的钱进行"赎回"，十分便捷。

二、"10+1"试点及其扩容

2020 年 8 月 14 日，商务部发布《关于印发全面深化服务贸易创新发展试点总体方案的通知》，指出在"4+1"试点的基础上，将在京津冀、长三角、粤港澳大湾区及中西部具备条件的试点地区开展数字人民币试点工作，后续视情况扩大到其他地区。

到了 2021 年，数字人民币试点区已经由原来的"4+1"扩大到了北京、上海、海南、长沙、西安、青岛、大连等地，形成了"10+1"的试点新格局；在新格局下，试点区域基本涵盖了长三角、珠三角、京津冀、东北以及中西部地区等，这能够十分有效地反映我国具有差异性的不同区域间的数字人民币应用前景。

截至 2021 年 12 月 31 日，我国的数字人民币试点场景已超 808.51万个，增速迅猛，较六个月前增加 670 多万个，数量增幅超过 510%，覆盖了生活缴费、餐饮服务、交通出行、购物消费、政务服务等各个领域。数字人民币个人钱包累计开立 2.61 亿个，交易金额高达 875.65亿元。关于数字人民币的发展前景，相关机构预测分析，保守估计：到 2027 年，我国数字人民币的交易规模将超 5 000 亿元；数字人民币软硬件产业升级将带来 1 400 亿元的市场空间。

2022 年后，我国又在此前"10+1"试点的基础上，增加了天津、重庆、广州以及福建省的福州、厦门，浙江省的杭州、宁波、金华等城市进行试点。随后，冬奥会、冬残奥会举办城市张家口成为试点城市，海南全省被纳入试点地区，基本形成了试点不断扩容的新格局。笔者相信随着数字人民币技术的不断成熟，以及试点经验的持续检验，在不久的将来，数字人民币能够真正地"飞入寻常百姓家"。

第三章

认识数字人民币

行文至此，想必很多人想对数字人民币一探究竟，产生以下疑问：什么是数字人民币？它与人民币有什么异同？它与第三方支付、银行账户、电子钱包都有什么关系？我们需要先结合数字人民币的技术特性探讨其属性。

第一节　什么是数字人民币

顾名思义，数字人民币就是数字形式的人民币，由中国人民银行指定的金融机构等参与运营并向社会公众兑换的货币。由于中国人民银行想用数字人民币替代一部分现金，更注重数字货币职能与电子支付工具的结合，因此它可以被看成是数字化的人民币现金。不过，它的创新和亮点是运用了密码加密技术、数字技术等新兴技术，极大地提升了人民币的安全性能与支付效率。央行专家表示，数字人民币的功能及属性和纸钞完全一样，只不过形态是数字化的。也就是说，除了离不开手机、电脑等载体，数字人民币和我们手里的现金没有任何区别。我们只要通过手机、电脑等载体，就能一睹数字人民币的真容，追踪它的交易情况与流向。

一、认识数字人民币的本质

迄今为止，马克思对货币本质的界定最准确、最深刻。他认为，货币是充当一般等价物的特殊商品。理论界、实务界也从不同角度解读了货币。结合不同学科的观点，我们可以全面认识货币的本质。法学上的货币，是一种特殊的动产，是具有高度替代性的种类物，一旦被使用便会发生所有权转移。经济学界对货币的本质有不同认识。其中，货币商品论认为货币是等价物；货币名目论认为货币本质上是价值符号，是神意或法律等其他力量的创造物。凯恩斯则认为货币是交割后可清付债务契约和价目契约的东西，也是贮藏一般购买力的一种形式。也就是说，货币在日常生活中发挥促进交易的作用，我们每个人手中的"钱"只有面值大小、金额多少之分，在功能上没有任何区别。货币最主要的用途在于日常生活的支付活动，最常见的场景是频次多、金额小的零售支付。

随着经济社会的发展，货币与黄金等贵重金属逐渐脱钩，与任何实物均不存在联系。随着信用创造的扩张，货币不断演变为存款、贷款或结算资金，脱离形态束缚的货币被用于各类经济活动，使得信用资产急剧扩张。纵观货币的演变历史，无论货币形态怎么变化，货币都一直存在着价值基础，在实物货币阶段是实物的价值，在金属货币阶段是贵重金属的价值，在信用货币阶段是商业信用、国家信用或电子货币发行者信用的价值。而比特币等数字货币依靠程序与算法产生价值，不需要任何信用基础。但如果无法解决信用问题，数字货币就只能在特定环境内充当拟制货币，不能成为实质货币。各国央行为应

对比特币等私人数字货币的挑战，一直在研发或试验央行数字货币
（CBDC）。我们可以从发行主体、交易方式、形态及获取方式等维度
认识和理解 CBDC 的本质（见图 3-1）。按照 BIS 的分类，数字人民币
可以被归入零售型央行数字货币。数字人民币本质上就是人民币这种
法定货币的数字形式。数字人民币是我国央行主动适应数字经济发展
的产物，它脱离了实物形态的束缚，将货币的流动性、交换活动、社
会契约等特性体现得淋漓尽致。

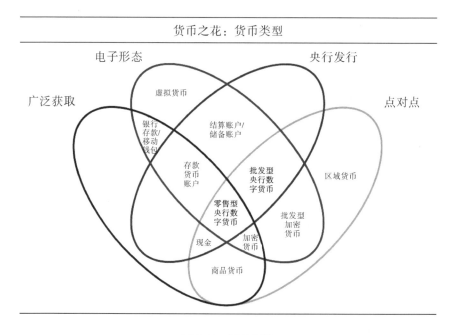

图 3-1　货币之花

二、分析数字人民币的属性

货币之所以成为最成功的一般等价物，是因为其具备价值尺度、

流通手段、交易媒介、贮藏手段、世界货币的职能。数字人民币只是形态改变的人民币，仍然具备与人民币同样的本质。话虽如此，不少人仍存在疑问。有的人担心数字人民币会取代现金；有的人不知道它与比特币、Libra 的区别；有的人难以区分数字人民币支付与微信支付、支付宝支付；还有的人觉得手机银行、移动支付用着很方便，没有必要发行和使用数字人民币。我们解答了这几个常见的疑问，社会公众也就理解了数字人民币。

（1）数字人民币的属性。数字人民币被用于衡量物价、流通与支付交易，是因为其本身所具有的价值并不会因数字形态而变化。它与实物人民币都是央行对社会公众的负债，以国家公信力作为保障，其最主要的使命在于零售支付等日常生活用途，都是转移价值的媒介与工具。两者的最大区别在于数字人民币以数字形态实现价值转移，能够克服实物人民币流通中出现的难题。

数字人民币由中国人民银行发行。它沿用"央行—商业银行"的运营体制，由二者共同进行全生命周期管理，一定程度上维护了"中心化"管理体制，避免了货币"去中心化"潜在的金融秩序混乱。它可以促进人民币国际化，具备自由兑换、尊重他国货币主权等条件。

我们可以结合表 3-1 和表 3-2，从不同维度探讨数字人民币与相关货币的异同。

表 3-1   法定货币与相关货币比较表（之一）

货币类型	发行主体	法偿性	适用范围	发行数量	货币价值	信用保障
数字人民币	中国人民银行	无限法偿	不限	依法确定	依法确定	国家信用
实物人民币	中国人民银行	无限法偿	不限	依法确定	依法确定	国家信用

表3-1(续)

货币类型	发行主体	法偿性	适用范围	发行数量	货币价值	信用保障
金属货币	央行/货币当局	金本位制下无限法偿	不限	取决于央行/货币当局	依法确定	国家信用
虚拟货币	网络运营商	无法偿性	企业网络或平台	发行主体自行确定	与法定货币不对等	企业信用
私人数字货币	无特定主体	无法偿性	企业平台、认可支付效力的交易对手方、"币圈"	数量一定	与法定货币不对等。竞争币由算法或币圈交易确定；稳定币与法定货币/企业资产担保	网民信任、科技巨头信用

表 3-2　法定货币与相关货币比较表（之二）

货币类型	存储形式	流通方式	交易安全性	交易成本	运行环境
数字人民币	数字表达式	双向流通	较高	较低	互联网或相关设备
实物人民币	纸币、硬币	双向流通	较高，但存在假币、残损币等问题	较高	日常生活场景
金属货币	金属或铸币形态	双向流通	存在丢失、不足量、运输等问题	较高	日常生活场景
虚拟货币	虚拟账户中的数字等表现形态	单向流通	无法偿性	较低	企业服务器或互联网
私人数字货币	数字形式	双向流通	发行主体决定	较高	开源软件及P2P网络

（2）数字人民币与金属货币。众所周知，我们通常使用的"钱"既是信用货币，又可被视为实物货币。说它是信用货币，是因为货币背后必须有国家信用的支撑，由政府职能部门强制其流通与使用；说

它是实物货币，则是由于各国长期存在使用金属货币、纸钞的情况。科技的飞速进步与经济活动的不断扩张，使人们越来越追求交易的效率，更加青睐使用信用货币进行支付及进行其他交易，而金银等则主要被看作财富的象征，用来抵御通货膨胀对财富的冲击。历史爱好者大都知道，中外都曾有很长一段历史时期使用黄金、白银作为货币，比如欧洲长期流行金币；我国在两千多年的漫长岁月里同时使用铜钱、银两或银元。正如马克思所说，"金银天生是货币，但货币天生不是金银"。金银体积小、质地均匀、便于携带、易于贮藏，便自然而然地成为货币的首选。欧洲国家在很长的历史时期里以金币为本位，直到第一次世界大战时期才逐步取消这种规定。美元与黄金脱钩是20世纪70年代的事情。数字人民币与黄金、白银有什么关联呢？在我国，部分贵金属纪念币由黄金、白银所制，它们是有特定主题、限量发行的。人们用"钱"兑换或购买了这类贵金属纪念币，主要用于增值、保值或作为收藏品；这类贵金属纪念币的发行量比较少，不适合被当作货币。黄金、白银更多的是作为金融投资品，很少作为货币流通。与曾经作为货币的金属货币相比，数字人民币与金币、银币主要有着贵金属形态与数字形态之别，而数字形态更有利于商品经济流通，将成为未来调控数字经济的主要工具。

（3）数字人民币与实物人民币。实物人民币就是我们常说的现金。那么数字人民币与现金有什么关系？数字人民币问世后，是否意味着现金即将成为历史？这肯定是社会公众普遍关心的问题。普通大众常常有着浓厚的现金情结，非得看得着"钱"、摸得着"钱"才觉得放心。在农村地区、偏远山区，年迈的大爷大妈们，宁愿把攒下的辛苦钱藏在床头柜里，也不愿存放在银行。他们大都有难以割舍的现金情结。结果由于他们保管不当，这些"钱"可能被偷被盗，或被虫吃鼠咬，或被火烧水浸。每当遭遇这种情形时，基层央行或商业银行可以帮着兑换这些残损币或火烧币，尽量减少他们的损失。此外，假币也是困扰金融机构与社会公众的难题。

数字人民币有助于解决这些问题。数字人民币与现金除了形态不同外，其运营体系、定位与功能相差无几。与现金相比，数字人民币更能实现一些技术进步。就拿我们常用的支付手段来看，日常生活支付实际上可被分解为"支付指令—清算—结算"的过程。但数字人民币可实现"支付即结算"，买卖双方不必经历身份核实与验证环节，就可以按照央行算法与程序完成结算，将支付过程缩短至几秒钟，甚至可以在双方离线情形下进行支付。数字人民币除了可以在优化的ATM、POS机等机具上使用，还可在手机APP、网上银行上，以及刷脸设备、可穿戴设备等设备上使用，使人民币的流通与应用摆脱了单一银行账户的局限性。数字人民币加载的智能合约还将有助于精准"对接"多元化场景。如此一来，数字人民币可以避免现金的发行流通的成本、保管成本，提升金融服务的效率。

从长远来看，数字人民币虽会取代部分纸币，成为未来生活的潮流，但并不表明纸币会彻底消失。从目前的趋势看，中国人民银行尚未正式发行数字人民币，数字人民币仍处于试点和改进阶段，需要进一步研究和解决一些疑难问题。从中国人民银行发布的方案来看，数字人民币将会从替代流通中的纸币与硬币入手，但这个替代过程是渐进性的，数字人民币并不会完全取代现金。我们通常所谓的现金包括纸币和硬币，它们一直以来都是我们常用的支付工具。人们普遍使用电子银行、手机银行等支付工具是2000年以后的事情。微信支付、支付宝支付的兴起与普及也不过十多年。我国地域广大、风俗各异，老年人、农村居民等用户不太习惯使用移动支付，仍然偏爱使用现金支付。因此，数字人民币不会完全取代纸币和硬币，它将与现金长期并存。

（4）数字人民币与私人数字货币。人们不禁要问，既然数字人民币与比特币、Diem 等都是数字货币，那么它们是一样的吗？有什么差异呢？单从名称来看，二者都被称为数字货币，但比特币、Diem 等数字货币因其发行主体为技术精英或科技巨头，而被统称为私人数字货币。其实，数字人民币与私人数字货币存在天壤之别，主要体现在以下四个方面。

其一，两类数字货币的底层逻辑根本不同。数字人民币以国家信用为支撑，呈现中心化的管理模式、运营模式；比特币、Diem 等私人数字货币以网民信任或技术信用为依托，采用了去中心化的发行与流通模式。前者维护与强化"央行—商业银行"的双层经营体系；而后者则会导致金融脱媒，对现行金融体系存在潜在破坏力，可能会催生垄断、"大数据杀熟"等不正当行为。

其二，两类数字货币所运用的技术不同。比特币、Diem 等都运用了区块链技术；而数字人民币部分地借鉴了区块链技术，又综合运用其他技术，如双离线支付技术、多重签名和智能合约技术、双重备份技术等。其技术兼容性更强，不仅克服了区块链无法处理大规模交易的缺陷，也能够满足高频、大规模的零售支付需求。

其三，两类数字货币的运营模式不同。比特币、Diem 都使用去中心化的运营模式。比特币等单纯依靠挖矿模式产出并发行，2040 年达到极值后无法再产生新币，缺少统一的监管机构。Diem 虽与欧元、美元等货币挂钩，却依靠 Meta 的算法规则运营，仍然具有一定程度的去中心化特点。这两类模式都将使货币脱离金融机构运转，体系极不稳定，容易引发各类投机行为。而数字人民币仍依托于双层投放体制，维护中心化架构，保持商业银行的中介功能，优化现行支付结算体系。

其四，两类数字货币的法律属性不同。比特币本质上只是一种虚拟商品，虽然具有与法定货币类似的属性，但其价格经历过"过山车"一般跌宕起伏的过程，很容易影响人们的信心，无法成为合格的一般等价物，因而无法作为货币。Diem 具有价格波动性小、与主权货币挂钩等特性，是较比特币优越的稳定币。稳定币虽借鉴了央行的发行准备金制度，但缺少强劲的国家信用支持，更容易受到市场情绪波动、信息变动的影响，它仍不能成为真正意义上的货币。Diem 项目应受到国际组织、各国监管机构严密监管。即便 Diem 项目取得新进展，Diem 也只能充当一种新型的支付结算工具。数字人民币作为法定货币，背后由国家信用担保，与人民币现金一一对应，根本无须担心其价格波动问题，也不会被用于炒作或投机。可见，与比特币等相比，数字人民币就是像传统的人民币现金那样流通使用的，绝不是中国人民银行版的"比特币"。

（5）数字人民币和第三方支付。所谓第三方支付，即商业银行支付外的交易媒介、工具或行业。大家熟悉的支付宝、微信就是最常见的两种第三方支付工具。数字人民币刚出现时，很多人马上认为其是取代这两种支付工具的。它们都以 APP 为载体，外观大同小异，使用流程似乎差不多，通用功能也难分伯仲。本次试点所覆盖的区域能够十分有效地反映数字人民币和支付宝、微信等第三方支付工具有很大的区别，主要体现在以下四个方面。

其一，数字人民币的效力高于后两种支付方式。数字人民币是我国的法定货币，和现金一样在我国境内具有完全偿付能力，它的发行与流通受到法律保障，任何个人和机构都不得拒收数字人民币。而支付宝支付、微信支付是一种支付方式，任何个人或机构都可以选择拒绝或接受这种支付方式。

其二，数字人民币的功能更多、更新，支付宝支付、微信支付无法与之媲美。它们都具备在线支付、扫码支付等功能；但数字人民币还支持双离线支付、近场支付等全新功能，完美地克服了网络中断、没有手机信号等极端情形下的支付难题。换言之，只要手机有电，无论收支双方是否上网、在线，其都可以使用数字人民币支付。在光线晦暗、二维码无法识别等情形下，用两个手机"碰一碰"，也可以进行数字人民币支付。而支付宝支付、微信支付要发挥作用，一般要求收支双方在线，还受限于网络、手机信号、光源、二维码清晰度等主客观因素。

其三，数字人民币支付可以脱离银行账户的束缚，具有更强的安全性、隐秘性和便捷性。众所周知，支付涉及个人财务变动、资金流动，人们往往不愿意让别人或社会公众知道这些信息。每个人都希望自己的每一笔交易都能被顺利地结算，不发生资金被盗、支付迟延、双重支付等故障和问题。现金支付只要不被盗或不丢失，就可安全而隐秘，但存在携带不便的问题。互联网支付、银行卡支付等方式方便、快捷，在无网络和机具发生故障时非常安全。然而，支付宝、微信可在后台追踪个人的任何支付或资金数据，发生"大数据杀熟"等情况。其隐秘性反而不如现金。而数字人民币可同时满足人们对隐秘性与安全性的需求。只要不用它违法犯罪，别人就很难获取个人的消费踪迹。

其四，数字人民币的转出、存入，均不会收取任何手续费；而支付宝支付、微信支付会在特定条件下收取一定的提现手续费。

（6）数字人民币与非现金支付。在日常生活中，普通居民使用少量现金与信用卡，就可以基本满足零售支付的需求。企业生产经营所需的资金规模甚大，一般偏好票据、信用卡、电子结算等非现金支付工具。随着计算机和互联网的普及，商业银行发行的各类储值卡与信用卡日益增多，电子银行、手机银行、支付宝、微信等新兴支付手段也逐步兴起，这些非现金支付手段减少了现金使用量，演变为附着发行者信用的、在一定区域使用的电子货币。

数字人民币问世后，非现金支付路在何方？很多人将会产生如此疑问：数字人民币会"收编"我们的电子钱包吗？它会取代各类非现金支付工具吗？人们早已对使用支付宝支付和微信支付习以为常，大都对其他非现金支付不太了解。其实，非现金支付范围更广，包括第三方支付、票据支付、银行卡支付等。有人可能觉得，数字人民币会凭借官方背景挤压支付宝支付、微信支付的发展空间。甚至有人十分担心自己的支付宝钱包、微信钱包的安全，担心其会被数字人民币"收编"，自己不能用支付宝、微信来支付。有这些想法的人们真的多虑了。数字人民币虽然方便快捷、功能强大，但并不会完全垄断我国的支付市场。它将与支付宝支付、微信支付等共生共存、互补发展。况且数字人民币目前仅取代部分流通中的现金，虽开展过数字票据、证券资金结算等领域的内容测试，但尚未拓展到票据结算等业务。人们可以根据自己的喜好，自由地选择适合自己的支付方式。据悉，中国人民银行及其数字货币研究所已与蚂蚁集团、腾讯集团开展了各类合作。早在 2021 年 5 月，六大国有银行就更新了它们的数字人民币APP，增设蚂蚁集团旗下的网商银行为钱包运营机构。此外，这些APP 中均增加了饿了么、盒马鲜生、天猫超市三个子钱包。这意味着数字人民币打通了支付宝渠道。微信支付已在所有试点区域中支持数字人民币。可以预见，数字人民币未来将拓展至非现金支付工具，呈现与各类非现金支付共存的生态格局。

（7）数字人民币与银行账户。我们一般会先在一家商业银行开立一个账户，然后把"钱"存进账户。银行账户可谓支付交易结算的载体，解决现金支付无法解决的跨时跨地交易的问题。大家常用的微信支付、支付宝支付如果离开了自己所绑定的银行账户，就无法完成支付的清算、结算等环节。我们在非现金支付中一般也需要用银行账户进行结算。可见，货币与银行账户一般是"紧耦合"的关系。人们倘若不使用银行账户转账、结算，就无法成功转移资金。数字人民币无须依托于传统的商业银行账户，"钱"可以在无银行存款账户的情况下直接在数字钱包内进行存储。这种设计改变了货币与银行账户的关系，可以使货币与银行账户呈现"松耦合"① 的关系，也就是说人们即使脱离银行账户，也可以使用数字人民币。在各试点地区，我们可以看到数字人民币可进行离线支付，也可在可穿戴设备中使用，这便是实现了账户"松耦合"的结果。

第二节　从货币演变看数字人民币

纵观货币数千年的历史，从实物货币、金属货币、纸币到法定数字货币，货币的形态一直在演变，期间货币的材质、技术等都在不断变化。数字人民币可谓人民币发展的必然趋势。

---

① 松耦合：理解这一概念必须了解耦合。耦合：指将两个元素像链子一样连接在一起。在软件领域，一般指软件组件之间的依赖程度。简言之，松耦合是指软件组件依赖程度不高，此处是指数字人民币对银行账户的依赖度不高。

一、从贝壳到金属货币

考古发现，早在仰韶文化、马家窑文化时期，我国就出现了将贝壳用作货币的情况。商代时期人们普遍使用贝壳作为货币。贝壳被用作货币，不是我国独有的现象，非洲与北美地区的原始社会也普遍如此，印第安人或非洲原始部落至今还喜欢佩戴贝壳饰物。贝壳能够成为普遍使用的最原始货币，与其坚固耐磨、光洁美观、便于携带等特性相关。随着经济社会不断进步，贝壳的开采量已无法满足更大规模的交易，于是贝壳便退出了社会流通货币的舞台。当时的人们利用所掌握的冶炼技术，将青铜铸造成铜贝，后来又打造出金币、银币，金属货币至此成型。世界上公认最早的金属货币是吕底亚（Lydia）地区的琥珀金币。

我国自春秋战国时期起，便长期流行各类形状各异的铜币和金币，如齐国刀币、赵国布币、楚国蚁鼻钱等。秦国统一天下后铸造了秦半两，使圆形方孔钱成为我国古代金属货币的标准样式，也标志着金属货币不再是足额足量的。圆形方孔钱在我国一直流行了两千多年。在圆形方孔钱流行的同时，我国也出现了金币、银币等金属货币，宋代以后开始大量使用白银。明朝中后期，葡萄牙开辟马尼拉—阿卡普尔科贸易航线，与明朝政府开展丝绸、茶叶等贸易，使大量的美洲白银流入中国。

在国外，金属货币长期占据市场，很多国家并用金币、银币与铜币。例如，罗马帝国最值钱的货币是奥雷金币，常用货币为第纳尔、塞斯太尔斯等铜币。欧洲各国曾实行过金本位制、金块本位制等制度。

二、从交子到信用货币

纸币成为普遍流通的货币，经历了漫长的演变过程。

纸币最早出现于我国的北宋时期。那时商品经济飞速发展，铜币无法满足人们的需求。1004 年至 1008 年，四川地区的 16 户富商开始专营交子。1023 年，宋朝廷设立益州交子务，正式发行官交子，交子成为世界上最早的纸币。交子的出现解决了铁钱铸造程序复杂、携带不便等难题，也顺应了当时的经济发展。官交子有官方规定的图案与样式，面额在使用时临时填写，加盖州府官印，从 1 贯到 10 贯规定了不同等级，也明确限定于益州境内使用。官方第一次发行了 125 多万贯交子，以 36 万贯四川铁钱为本钱。这种发行机制基本与现代货币发行机制类似，所交本钱相当于准备金，约占交子发行量的 28%。交子一度流通于川陕河东地区，后因超发量大引发贬值，遂于 1105 年停止发行、1107 年改为钱引，在南宋时改为会子①。元朝、明朝发行过宝钞，适当优化了纸币发行制度。大明宝钞后来引发了严重的通货膨胀，最终于正德年间（1506 年至 1521 年）被彻底废除。清朝时期，官方虽发行过户部官票和大清宝钞，也曾学习西方纸币印制技术，但仍然无法解决纸币超发的通货膨胀问题。

纸币成为法定货币，则是欧美国家设立中央银行的产物。1666 年，瑞典的斯德哥尔摩银行发行了欧洲第一张纸币，但长期局限于商

---

① 会子：1160 年由政府官办、户部发行的货币，仿照四川发行钱引的办法发行，是类似交子的纸币。

贸领域。英格兰银行于 1694 年发行了英镑，直到 1821 年，英镑才成为英国的标准货币。第一次世界大战后，欧洲乃至国际取消金本位制，不再铸造金币，只规定纸币的含金量。第一次世界大战至第二次世界大战期间，各国实行金块本位制和金汇兑本位制。1944 年，联合国筹建国政府的代表们签订了《布雷顿森林协议》，建立了以美元和黄金为基础的金汇兑本位制，形成了美元主导的布雷顿森林体系①。直到1971 年，美国政府取消将美元与黄金挂钩，布雷顿森林体系崩溃，金汇兑本位制宣告终结。世界各国彻底推行信用货币，是布雷顿森林体系与牙买加体系②确定的。前者终结了金汇兑本位制，切断了黄金与各国纸币的自由兑换关系；后者切断了各国政府美元储备与黄金的自由兑换关系，实现了黄金的非货币化，也构建起当前的国际货币体系。信用货币体系克服了金本位制货币供给缺乏弹性的缺陷，赋予各国政府或货币当局更大的经济调控权，但容易使各国政府滥用货币发行权，引发通货膨胀。

---

① 布雷顿森林体系确立了美元作为国际结算货币的地位，主要有以下核心内容：美元与黄金挂钩，1 盎司黄金价格为 35 美元；各国货币与美元挂钩，美国政府以 1 盎司黄金：35 美元向各国政府兑换美元或黄金；各国货币与美元的汇率只能在平价的 1% 上下幅度波动。

② 牙买加体系：1976 年 1 月 8 日，国际货币基金组织和国际货币制度临时委员会达成《牙买加协定》，之后逐渐形成国际货币关系新格局，即"牙买加体系"。该协定取消了美元作为特别提款权价值单位和各国货币定值标准，废除黄金官价；国际债权债务不再以黄金清算；避免国际货币基金组织在黄金市场上干预金价，并逐步处理其所持有的黄金。

三、从数字货币到法定数字货币

2008 年，美国爆发史无前例的金融危机，随即演变为全球性金融危机。欧美国家周期性发作的金融危机暴露出信用货币的诸多弊端。美元长期称霸于国际金融市场，对广大新兴经济体经济社会发展产生了很多消极影响。国际社会中"去美元化"的呼声日益高涨，社会各界主张改革国际货币制度，实现经济民主与经济正义。2009 年，中本聪的论文提出比特币的发行机制，提出去中心化架构、分布式账本、密码加密、区块链等技术，这些技术促使货币发行变得更加透明、更加公正。随着比特币的问世，这种设想变为现实。各国央行也针对数字货币的崛起，采取了多项监管措施，并开始探索研发法定数字货币。数字人民币是中国人民银行多年研发的成果，有助于优化人民币的发行与流通管理。

由此可见，货币经历了实物货币、金属货币、信用货币的发展历程。在货币的演变史中，其形态不断发生变化，既是商品交易的必然产物，也是人们主动选择的结果。充当货币的物质具备便于交易的特性，也成为人们选择的主要因素之一。法定数字货币虽是法定货币的新形态，但仍然属于一种信用货币。国家信用是法定货币稳定的前提和基础。法定数字货币可以更好地适应数字经济发展，满足社会公众的需求。

第三节　数字人民币的创新

数字人民币是我国央行为应对数字经济变革所进行的探索。相较于以前的金融科技，它实现了诸多创新。

一、构建新型金融基础设施

央行通过商业银行向社会公众投放货币，经过商业银行、企业或个人的经济活动，向社会各界输入"血液"。数字经济将是数字要素实现市场化配置的过程，数字人民币也将在数字经济与实体经济的共同发展中发挥重要作用。然而，一国经济大动脉的畅通，离不开稳健而强劲的金融基础设施。

中国人民银行作为我国制定和执行货币政策的部门，发行和管理数字人民币，维护数字人民币的基础设施，应当是其一项重要的法定职责。中国人民银行有义务向社会公众提供数字人民币及其使用条件。所谓的金融基础设施，包括货币发行管理系统、支付系统、结算系统等。换言之，它包括货币发行、流通与应用的各个子系统，每个子系统又由各方主体与设施、规则组成。比如我们常见的 ATM 机、各类银行 APP 等，都属于金融基础设施。

数字人民币的问世，促使我国的金融基础设施实现渐进式的数字化转型。目前，数字人民币仍沿袭传统的二元运营体系，各试点城市对支付机具①进行了改造，如深圳甚至设置了硬币与数字人民币自由兑换的机具。随着未来试点工作的深入推进，更多的城市将优化数字人民币流通与使用的环境。数字人民币旨在为社会公众提供多元化的支付手段，有助于发展普惠金融。因此，我国更需要加强农村支付环境建设，从 IT 设施②、手机 APP 及机具升级做起，逐步以新兴技术解决城际、城乡之间支付交易的互联性、便捷性等问题。数字人民币基础设施虽然依托于传统基础设施建设，具备了符合数字经济发展的功能与条件，但仍存在很多技术与制度难题亟待解决。

二、改善货币流通的保障环境

人们使用数字人民币，离不开各类数字钱包。中国人民银行按客户身份识别强度，设计了不同等级的钱包，各类钱包具有不同的单笔交易额度、单日交易额度及余额限额。居民和个体工商户可以设置个人钱包，企业、事业单位等机构可以开立对公钱包。依据其客户身份识别强度，采用分类交易和余额限额管理。企业、个体户和居民还可以自行定制钱包功能。中国人民银行考虑到零售支付的特点，运用移动支付 APP、软件开发工具包（SDK）③、应用程序接口（API）④ 等，

① 提供数字人民币服务的机具一般包括 ATM 机、POS 机，以及一些办理数字人民币相关业务的专门机器等。
② IT 基础设施包括网络、硬件设备和基础软件。
③ 软件开发工具包（software development kit，SDK），即辅助开发某一类软件的相关文档、范例和工具的集合。
④ 应用程序接口（application programming interface，API）一般指应用程序编程接口。API 之主要目的是提供应用程序与开发人员以访问一组例程的权限，而又无须访问源码，或理解内部工作机制的细节。

开发了适用于各类场景的软钱包。安全芯片等技术则是硬钱包的技术基础，依托 IC 卡①、手机终端、可穿戴设备、物联网设备为用户提供服务。

央行还研发了多点多活数据中心解决方案，提供 7×24 小时连续服务，能够保障城市级容灾能力和业务连续性。央行运用可信计算②、软硬件一体化专用加密等技术，确保了数字人民币支付系统的可靠性和稳健性。为了增强系统的韧性和可扩展性，数字人民币的支付体系采用了分布式、平台化设计，足以处理大规模、高频次的支付交易。混合技术架构、综合集中式与分布式架构，实现了稳态与敏态双模共存。这既保障了数字人民币支付系统的稳定性，又保障了数字人民币支付系统的可扩展性。

三、丰富支付结算手段和场景

数字人民币可以丰富支付手段。相比于现有的以银行账户体系为核心的支付体系，数字人民币可以为用户提供一种"支付即结算"的支付手段，提高支付效率。此外，数字人民币的可控匿名性也可以充分保护用户的隐私，提高社会整体的信息保护水平。数字人民币作为一项支付工具，可以和现有的电子支付工具相互补充。

目前，中国的现金的形态主要有纸币和硬币，中国人民银行向社

---

① IC 卡：也称智能卡（smart card）、智慧卡（intelligent card）、微电路卡（microcircuit card）或微芯片卡等。它是将一个微电子芯片嵌入符合 ISO 7816 标准的卡基中，做成卡片形式。

② 可信计算（trusted computing），是在计算和通信系统中广泛使用基于硬件安全模块支持下的可信计算平台，以提高系统整体的安全性。

会公众提供的现金形态应当多元化，以满足各种场景的使用需求。数字人民币正是回应这一需求的产物。社会需要维持记账单位的统一，在电子支付工具快速发展的数字经济时代，数字人民币有利于此。没有银行账户的社会公众和短期来华的境外居民，有获取银行账户的困难，但银行账户的需求并不大。数字人民币可以为这类群体提供基础的金融服务，满足其日常支付需求。对于企业而言，现金支付携带、验钞烦琐多有不便，商业银行系统的非现金支付手续相对较多，数字人民币既可以保证企业享受支付便利，又可以提高资金周转效率。

数字人民币在跨境支付的国际合作上，将会坚持"无损""合规""互通"的原则展开国际合作，坚持在不损害各个司法管辖区的货币主权、符合当地司法规范的前提下做到货币的互联互通。数字人民币仍处于试点阶段，而跨境支付涉及货币主权、外汇管理政策、汇制安排和监管合规要求等问题，事务庞杂，因此尽管数字人民币已具备跨境使用的技术条件，但当前主要用于满足国内零售支付的需要。一国货币的国际货币地位主要是由经济基本面以及货币金融市场的深度、效率、开放性等因素决定，不能单纯地依靠技术条件推行。未来，中国人民银行将根据国内的试点情况和国际社会的需求，积极响应 20 国集团（G20）等国际组织的倡议。

第四节　数字人民币的优势

数字人民币具有多方面的优势，它的币值比较稳定、交易效率高、安全性强，不会危害金融系统的安全性和稳定性。其可控匿名性也减少了洗钱、恐怖融资等违法犯罪行为，未来还可通过不影响货币功能的智能合约来进行优化。

一、数字人民币支付的便捷性

数字人民币相较于银行账户体系，其有较高匿名性。银行账户的支付过程需要验证用户信息，保证支付指令来源于客户本人。而数字人民币钱包通过加密和数字证书等技术，提高了支付、清算、结算的效率。

消费者运用数字人民币有很多便利，免去了现金的携带、储存、验钞、找零等环节，提高了现金使用的便利性。对于央行发行方，实物人民币设计、印制、调运、存取、鉴别、清分、回笼、销毁以及防伪反假等程序需要大量的人力、物力、财力，这些都构成了实物人民币的发行成本。而数字人民币替代部分实物人民币，可以极大地减少货币设计、发行与反假币等成本。

数字人民币运用了多项新兴技术，将成为更加便捷的支付工具。它将支付流程简化为"支付即结算"，可实现 7×24 小时的即时、无缝支付，提升了资金的流转效率与支付效率。数字人民币钱包可绑定或脱离银行账户，可通过智能卡等可穿戴设备进行 500 元以下的小额支付，满足了学生、老年人等群体的小额或无障碍支付需求。数字人民币钱包运用了加密、安全芯片等技术，具备近场支付、远程支付和离线支付等功能，能够在无电无网或免密条件下进行小额支付，也可以通过识别个人生物特征进行支付，省去了烦琐的密码验证等程序。它不收取任何手续费，与微信或支付宝形成了竞争–共生关系，与商业银行、支付宝、微信、平台企业、通信公司等实现了互联互通，用于日常购物、缴费充值、工资代付、财政资金拨付、跨境贸易等场景，可为社会公众、政府机关、企业提供多元化支付便利。

支付系统是主系统中十分重要的金融基础设施，是参与者之间转移资金的工具、程序和规则。商业银行、支付机构等在前端处理业务，央行在后端监管业务。支付场景化以数字技术提高数据收集、分析和监测的能力，综合运用传统认证和生物特征认证，促使支付融入衣食住行和社交活动，便于消费者、企业根据需求和场景选择支付服务。数字人民币将会满足不同支付需求，可促进零售支付系统与批发支付系统的融合。数字人民币以小额零售为主要应用场景，可促进 C 端①、B 端②、G 端③和跨境等微观场景间的交互操作。多场景应用使支付系统渐趋复杂，也促使央行在宏观场景中提升监管和调控效率，促进货币政策与财政政策的协调，为企业、消费者提供支付便利，提升企业数字化管理效率。

二、数字人民币交易的安全性

数字人民币以国家信用为担保，它借助于加密技术、分布式账本等技术，在流通过程中及时、全面地记录了交易信息，杜绝了伪造、篡改交易数据的可能性，减少了交易双方的信息不对称问题，也减少了支付等交易中的逆向选择和道德风险。监管机构还可依法或依消费

---

① C 端（Consumer），是直接面向消费者、个人用户的产品或服务。
② B 端（Business），是面向商家、企业级、业务部门提供的产品或服务。
③ G 端（government），一般指的是为政府包括事业单位开发的产品或服务。

者请求追踪溯源，减少洗钱、假币等违法犯罪行为。数字人民币具有松耦合、双离线、匿名可控等特点，其数字钱包可绑定或脱离银行账户，能有效地保护社会公众的隐私，降低货币防伪成本。

三、金融业务的普惠性

数字人民币所要求的普惠性，指的是人们容易获取数字人民币的同时，也容易把数字人民币花出去。数字人民币普惠性的要求，会使得数字人民币能够被运用在很多不使用第三方支付的地方，比如，涉及政府的支付场景都会安装数字人民币支付的基础设施，以保证数字人民币的普惠性。在政策的支撑下，很多商业性的场所也会提升数字人民币基础设施建设水平，保障在商业场景上数字人民币支付的金融普惠性。

四、数字人民币的创新性

数字人民币的创新性主要体现在其载体上。除数字人民币钱包外，还包括卡片、手表、手套、手环、徽章等多种硬钱包，这些硬钱包载体可通过近场支付手段，帮助用户顺利地完成支付。用户可以直接将现金转到卡片载体中，然后进行支付。数字人民币的支付具有法偿性，转入此类载体中的数字人民币，其他机构同样不能拒绝。此类非接触近场支付，还可省略使用手机操作的步骤。

值得注意的是，数字人民币的创新性可以帮助老年人、残障人士等特定群体进行消费。这些特定群体可能在操作智能手机上存在困难，这个时候，通过安装特定的芯片在老人们佩戴的手表、老花镜，甚至手杖上，或者残障人士使用的特定物件上，将这些特定物件作为硬件载体，就能够实现数字人民币的支付。此外，数字人民币的研发和试点过程中都鼓励和包容创新，不存在预设的技术路线。数字人民币由中国人民银行数字货币研究所、IT 企业、金融机构及科研院所协同研发，这也为数字人民币创新提供了重要的推动力。

第四章

数字人民币的运作

目前，许多经济体的央行已纷纷启动法定数字货币的研发与试点项目，着手将数字货币纳入"正规军"。最典型的有英国的 RScoin 计划、加拿大的 Jasper 项目、瑞典的 E-Krona 项目，以及新加坡的 Ubin 计划等，它们在探索法定数字货币可行性的道路上给我们提供了十分宝贵的学习经验。这样看来，不论是从国际竞争需求还是数字人民币自身优势考虑，着手推进实物人民币的数字化实在是一件水到渠成的事。接下来要做的，就是如何设计数字人民币的运作机制了。

那么，数字人民币到底是怎么运作的，它又是如何走进老百姓的生活的呢？现在，就让我们一起来揭秘数字人民币的形态、设计构想及其发行、流通机制。

第一节　数字人民币的形态

一、数字人民币的设计外观

从目前试点发行的数字人民币来看，其构图设计、花纹、图文与实物人民币纸币十分相似，两者的区别主要体现在面额与颜色上。传统纸币的不同颜色代表了不同面额，例如大家熟悉的第五套人民币，蓝色的是 10 元面额纸币，红色的是 100 元面额纸币。数字人民币的界面外观也有许多不同的颜色，但这些颜色和面额没有什么关系，而主要与不同的运营机构有关：例如，中国工商银行推出的数字人民币界面外观是红色的，中国建设银行推出的数字人民币界面外观是蓝色的，而邮储银行推出的数字人民币界面外观则是绿色的……也就是说，消费者在中国建设银行兑换的数字人民币不论是 1 元、10 元还是 100 元，其界面外观都是蓝色的，以此类推。不同颜色数字人民币的外观，仅仅代表着不同商业银行自己的设计，仅具有标识和美观意义，不会对数字人民币本身的价值产生任何影响。

二、数字人民币有固定面额吗？

前面说到，人民币的传统纸币是有固定面额的。这一点全世界都是如此：每一个国家的传统货币，不论是纸币还是铸币，都有着固定面额。例如，美元主要有 1、5、10、25、50 美分和 1 美元的铸币，以及 1、2、5、10、20、50、100 美元的纸币；英国的英镑拥有 5、10、20 和 50 纸币，以及 1、2、5、10、20、50 新便士①和 1 英镑面值的铸币；津巴布韦甚至有 100 万亿的天价面值纸币。

数字人民币采取的是可变面值设计，以加密字符串的形式实现价值转移。也就是说，数字人民币不再采用固定面值，无论是 0.01 元、0.03 元、1 元还是 10 元都能够独立形成"面值"，并配有独立的数字

---

① 2023 年 8 月，国王查尔斯三世的 50 便士加冕纪念便币进入市场流通使用。

表达式（见图4-1）。

图4-1　数字人民币的"面额"

三、数字人民币表达式

数字人民币表达式，既是货币加密字符串的外在表现形式，也是数字人民币的价值凭证。每一笔数字人民币，不论是充值、收款还是付款后的余额，都会产生一个唯一的表达式。举例来说，用户A先在数字人民币账户中充值10元，形成了一个表达式（见图4-2）；此后

用户 A 用账户里的数字人民币转账 0.1 元给用户 B，在用户 B 的账户
"币信息"中出现了一个完全不同的 0.1 元的表达式（见图 4-3）；而
用户 A 的账户中，剩下的 9.9 元又拥有了一个全新的数字表达式（见
图 4-4）。

图 4-2　用户 A 账户中的 10 元数字人民币数字表达式

图 4-3　入账余额数字人民币数字表达式

图 4-4　转账余额数字人民币数字表达式

从某种意义上讲，这样的设计保障了数字人民币支付在离线交易中的顺利进行——因为，不论是收款还是付款，交易双方的数字钱包都不会接收到两个一模一样的表达式，所以数字人民币的流转过程无须进行网络验证，在离线状态下也不会出错。

第二节　数字人民币的构想

要将数字人民币从一个简单的想法变为现实，需要考虑的问题有很多：其一，要确保国家货币主权的控制力不动摇；其二，要确保货币政策可以始终高效有序地发挥作用；其三，要确保金融市场稳定、风险可控，设计的系统既要具备有效遏制违法犯罪行为的能力，又要兼顾公民隐私保护；其四，要确保数字人民币的实用性、安全性和便利性；其五，在人民币国际化的背景下，还要兼顾数字人民币的国际竞争力。

　　针对以上这些问题，中国人民银行提出了一系列设计构想，逐步勾勒出当前数字人民币的原型。中国人民银行在最初搭建的数字人民币概念原型里，提出了"M0[①]定位、双层运营体系、银行账户松耦合、可控匿名[②]"等基本构想。这每一个基本特征提出的背后，都有着十分深刻的考量，可以说，它们是围绕着以下几个问题所给出的解答。

一、数字人民币的发行和运营

　　（1）M0定位。数字人民币从设计之初就被定性为一种必须由央行发行的法定货币，并且被定位为是对现有部分纸币、硬币的替代，也就是M0定位。这样一来，它和我们以往使用的传统实物货币在性质上完全一致，都属于人民币法偿货币家庭中的一分子，都是由央行提供信用担保，不论是发行、流通还是交易，都需遵循有关人民币的一切法律，与传统货币受到同样原则的管理。

　　（2）双层运营体系。具体来说，数字人民币的发行和回笼是基于一个"中央银行—分发机构"的二元体系来实现的，即所谓的双层运营体系（见图4-5）。这个运营体系分为上下两层，上层的主角是央行和运营机构（主要是商业银行和持牌非银行支付机构），央行在100%准备金制度下，授权运营机构发行相应额度的电子货币；而体系下层

---

　　① M0：即流通中的现金。
　　② 可控匿名：数字人民币的重要特征之一，一方面体现了其M0的定位，保障公众合理的匿名交易和个人信息保护的需求；另一方面，也是防控和打击洗钱、恐怖融资、逃税等违法犯罪行为，维护金融安全的客观需要。

的主角则是运营机构和社会公众，公众开通数字钱包后，即可在数字钱包的额度内，到运营机构去兑换数字人民币。

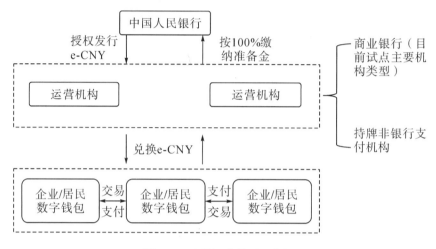

图 4-5 双层运营体系示意图

在这样的运营体系下，中国人民银行得以对数字人民币实施全过程的监管，而这也恰好回应了中国人民银行在数字人民币设计之初所提出的构想"数字货币是自由可兑换的，同时也是可控的可兑换"。

二、投放形式多元创新

（1）刺激市场消费新利器。将数字人民币结合消费券以数字红包的形式发放，是目前试点地区较为普遍的做法。譬如作为数字人民币试点城市之一的浙江省金华市，于 2022 年 5 月 16 日—6 月 30 日发放 3 亿元消费券，用以进一步提振市场信心，释放消费潜力。在所发放的消费券中，有 1.5 亿元为普惠消费券，任何本地持有营业执照的实体店都可以经过发券平台审核后参与本次活动；另外 1.5 亿元则为权重商品消费券，消费者中签后，仅可针对汽车、家电等权重商品消费补贴使用。为推广数字人民币，本次发放的普惠消费券还有 10% 以数字人民币红包的形式进行发放，红包均为"满 200 元减 100 元券"，由发券平台通过公开随机摇号来产生红包中签者，中签者下载数字人民币 APP 即可在试点场景内使用。

（2）政府转移支付新工具。2022 年 5 月 6 日中午，苏州市 32 岁的饿了么外卖小哥陈某收到了 100 元数字人民币。事实上，这是一项从 2 月 14 日起便开始实施的社会关爱活动。苏州用市、县两级党费（总计支出 580 多万元）设立了一项"海棠暖心关爱金"，通过"苏周到"APP 以数字人民币的形式面向苏州持续参与一线保供、积极配合核酸检测等疫情防控工作的专职快递员、外卖配送员发放；发放对象 5.8 万余名，每人 100 元。事实上，数字人民币的中心化管理、银行账户松耦合、支付过程可回溯等特征，使其能够更好地帮助政府实现转移支付。在一些惠民项目中，民生资金如果以数字人民币的形式投放，可以体现多重优势：一来，这笔资金可以直接进入指定对象的数字人民币钱包，并且资金流向可以受到全过程监管，从而杜绝了虚报冒领、截留挪用的可能性；二来，领取对象无须关联银行账户即可取用，降低了资金的获得门槛，也增加了资金的使用便利性。

三、使用方式创新——预付式消费

预付式消费，指的是商家在提供商品或服务前，往往会以一定优惠（如充值打折、充值溢价等）来吸引消费者先行预存一定金额的钱，即所谓"充值"，日后需要使用时再从充值金额中划扣。预付式消费场景是一种市场上广泛存在、并早已为大众所接受的消费模式，常见于商场、超市、理发店、健身机构、影院、儿童游乐场等。但一直以来，预付式消费存在许多操作方面的问题。常见问题诸如商家倒闭后的追偿难、消费者终止消费后的退款难，以及消费者维权的举证难，等等。这些频频爆雷的预付消费，不仅让消费者望而却步，也严重影响了市场秩序。

如今，数字人民币的推出给预付式消费带来了新的发展契机。从2021年开始，一些试点地区已经开始探索将数字人民币加载智能合约应用于预付式消费场景。2022年5月，深圳市福田区试点推出了全国首个"数字人民币教培机构预付式平台"，率先在教育培训领域进行了积极尝试（见图4-6）。

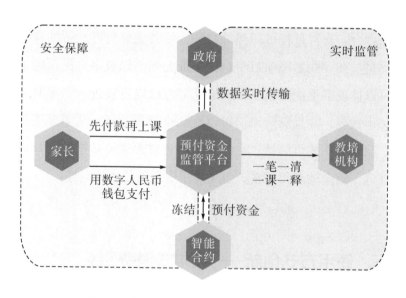

图4-6　数字人民币预付式消费平台商业模式

2021年提出的"双减"政策明确表示，要"通过第三方托管、风险储备金等方式，对校外培训机构预收费进行风险管控，加强对培训领域贷款的监管，有效预防'退费难''卷钱跑路'等问题发生"。而数字人民币预付式平台的出现，很好地响应了这一政策。在"数字人民币教培机构预付式平台"上，消费者同样也是"先付款再上课"，但与传统模式不同的是，消费者在使用数字人民币缴纳培训学费后，这笔钱并不会直接进入培训机构账户，而是被"冻结"在数字人民币钱包中，受到数字人民币服务平台的有效监管；此后，服务平台将按照上课次数、课程时长等不同核销方式，通过数字人民币底层技术实现预付资金"一笔一清、一课一释"，逐步向培训机构释放受"冻结"的预付款。而当培训机构倒闭或者出现其他提前结课需求时，消费者可以随时提出退还预付款的申请。服务平台快速计算出未核销金额后，向消费者账户退款。

这种服务平台模式的好处在于：对于 C 端消费者来说，消费安全更有保障；对于 B 端商户来说，学费收缴更为便利；对于 G 端政府来说，能够在"双减"政策下对校外培训机构进行实时监管。

四、安全技术创新——挂失功能

从目前数字人民币试点 APP 推出的功能来看，对于实名制的数字钱包，还可以提供挂失功能。这表明在数字人民币钱包出现资金风险时，可以通过挂失的方式来有效提高使用的安全性。此外，数字人民币特有的数字编码技术，令电信诈骗等违法犯罪行为的追溯变得更加便利。

五、数字人民币生活服务平台

2021 年 10 月 8 日，苏州市相城区打造了全国首个区域性数字人民币综合服务平台——"数字人民币"相城生活服务平台，实现了钱包开立、知识普及、试点宣传、消费查询、活动推送五大功能。通过平台首页的信息查询可以看到，截至 2022 年年底，相城区内首批支持数字人民币支付的商户数量已经超过了 11 000 家。通过平台服务的集中整合，老百姓可以很便捷地进行数字人民币缴费、充值、存取点查询等日常业务操作。

自从数字人民币作为数字经济的重要组成内容被写入国家"十四五"规划以来，我国已基本形成了 17 个省市的 26 个试点地区，以及 10 家指定运营机构共同试点发展数字人民币的格局。CNNIC《中国互联网发展状况统计报告》数据显示，使用过数字人民币的用户人数高达 1.28 亿，而互联网生活服务平台则是最重要的使用渠道。

六、数字人民币有线数字支付平台

江苏省推出的全国首个有线电视数字人民币支付平台，目前已实现数字人民币在江苏省有线电视线上线下营业厅缴费充值、电视在线扫码点播观影、红包抽奖等应用场景。

七、数字人民币综合服务平台

在数字人民币的构想阶段，包括神州信息、广电运通、科蓝软件、长亮科技、南天信息、京北方等在内的众多金融系统服务商，便已经投身其中，通过前端应用研发，为布局数字人民币生态系统提供解决方案，积极发挥了金融系统服务商作为数字人民币与金融服务之间重要技术纽带搭建者的作用。例如，神州信息基于区块链底层技术平台Sm@rtGAS，自主研发打造出一套完整的数字人民币解决方案——数字人民币综合服务平台。从目前公布的信息来看，该平台涵盖了互联互通平台、数字人民币软钱包、企业钱包客户端、商户收单、硬件钱包等众多智能模块。

八、数字人民币传导货币政策

（一）何谓货币政策？

货币政策可以被理解成一国为了实现某个经济目标，通过中央银行，用各种手段来调整货币供应量。这些调整手段主要包括法定准备金率、公开市场业务、贴现政策和基准利率等。在货币政策发挥作用的机制下，虽然被直接调控的是货币供应量，也就是流通的现金，但最终的效果却是针对整个社会经济层面的。举个简单的例子，当通货膨胀出现时，意味着市场里的货币量过多了，供大于求，货币就自然而然发生了贬值，每一块钱的购买力下降了，相应地，物价也就发生了上涨。为了对抗通胀，央行就需要通过调整货币政策来减少在市场中流通的货币的数量。如果此时央行准备通过基准利率这一手段来进行调控，那么就可以提高存贷款利率。这样，当老百姓发现如果将手里的钱变为存款能够获得更高的利息时，就会发生市场中的货币流入商业银行的现象，流通货币量过剩的情况就会得到缓解。

（二）数字人民币会受到货币政策调整吗？

既然货币政策是央行针对货币供应量发挥作用的一系列政策措施，而在目前我国所构建的数字人民币原型中，数字人民币被定位为现金类支付凭证 M0，那么肯定也会受到货币政策的调整和影响。

（三）数字人民币如何反作用于货币政策？

数字人民币的发行，有助于解决一个在传统货币政策系统下很难实现的问题——负利率。与传统人民币不同，数字人民币可以进行差别计息，这使得零利率下限被打破成为可能。而灵活的利率调整幅度，无疑为货币政策的实施提供了更为广阔的活动空间。试想一下，在负利率的情况下，老百姓会更愿意把存款从银行里取出来并投入市场流通，而商业银行也会更积极地进行放贷，促进市场经济活跃。与此同时，数字人民币还会在一定程度上强化政策对货币市场和存款利率的传导作用。鉴于数字人民币具有中心化的特征，从技术上说，它的使用和流转就可以被精准追踪和查询，这将大大有利于央行实时对货币总量、流向的精确把握，保障货币政策的有效运行和传导。

九、数字人民币对金融市场的影响

（一）数字人民币的发行可能会给金融市场稳定带来哪些负面影响？

在中国人民银行对法定数字货币的原型构想中，数字人民币被定位为一种零售型央行数字货币。对此有人表示担忧，如果消费者可以直接在央行开设数字人民币账户，那么在央行数字货币计息且孳息水平有一定吸引力的情况下，此类货币将比存款更具有吸引力，而这很可能会造成金融脱媒，引发"狭义银行效应"——也就是说，商业银行吸收的消费者存款将会减少，无法通过发放贷款实现货币乘数效应，其作为金融中介的身份也将被弱化，最后甚至可能被完全逐出市场。

此外，还有人指出，央行数字货币的使用有可能会加速银行挤兑。既然数字人民币与作为实物货币的纸币和硬币在性质上是一致的，并且同时共存，那么两者之间的兑换原则上就不应受到任何限制。也就是说，当银行挤兑发生时，消费者完全可以将其存在商业银行账户中的实物货币全都兑换为数字货币，这样一来，他们就无须亲自去银行取款或者将存款转移了，只需通过线上程序直接取走或转移数字人民币。但是这样一来，本来能够被用于缓解挤兑压力的时间被大大缩短，使得银行不得不面对可能瞬时发生的挤兑，无疑将会放大金融风险。

（二）原型设计如何化解负面影响

为了防止数字人民币可能引发的"狭义银行效应"，同时也为了降低它对商业银行存款的挤出效应，中国人民银行在设计数字货币的原型时：第一，通过双层运营模式将数字人民币的兑换职能与商业银行进行捆绑，消费者只能通过商业银行等分发机构开设数字人民币账户，不能直接在中国人民银行开设账户；第二，将数字人民币设计为不计息，降低了其与商业银行存款发生竞争摩擦的可能性；第三，为了防止在短时期内发生挤兑，中国人民银行还计划通过设置制度摩擦来减缓挤兑蔓延的速度。

十、数字人民币的用处

（一）电子版的人民币

与纸币一样，数字人民币具有货币的基础职能：价值尺度、流通手段、支付手段、贮藏手段和世界货币。并且，它与实物人民币的管理方式一样，人们在兑换提取时不会被收取任何的"服务费"，使用成本很低。随着试点范围的不断扩大以及应用场景的不断增加，数字人民币将会被越来越多地运用于生活之中，老百姓可以用它来买车票、坐地铁、点外卖、在超市购物，等等。

（二）账户松耦合+数字钱包

为了提升数字人民币的包容性，与支付宝、微信等与银行账户实行耦合的支付方式不同，数字人民币在设计上实现了银行账户"松耦合"，也就是消费者在使用时不一定非要将其与实际银行账户进行绑定，只要使用电子钱包，像用现金支付一样进行资金转移就可以了。也就是说，即使是没有银行账户的中国公民和短期来华旅游、进行公务活动的外国人，也可以通过开立电子钱包的方式进行数字人民币的日常支付。极低的准入门槛，无疑极大地保障了数字人民币使用的便利性，真正实现了高效的"支付即结算"。

十一、数字人民币如何兼顾隐私和安全

因为数字人民币是以由央行担保并签名的加密数字串形式存在的货币，所以网络安全问题和防伪交易技术将是一个巨大的挑战，稍有不慎将直接影响我国整个货币体系的稳定。从技术角度来看，中国人民银行作为数字人民币的发行方和运营监管方，吸收了大量的用户信息，必然能够追踪到每一笔交易记录。从打击电信诈骗、反洗钱的角度来看，确保中国人民银行能够从技术上实现某笔特定支付交易的透明、可监管，是有必要的。但这也可能会导致两个方面的潜在威胁。一是公民个人隐私的保护问题。不同于传统纸币具有匿名性、流通交易往往不可控的特点，数字人民币的使用与每个公民的身份信息、账号信息、交易信息和财产信息都会产生关联，并在后台产生相应的信息存储。如何在满足公众使用需求的同时又保障其个人信息不泄漏，是数字人民币原型设计需要考虑的一个问题。二是数字人民币数据库安全问题。面对网络威胁、病毒攻击和恶意软件挟持，如何保障中国人民银行数据库中存储的大量用户隐私的安全，又是一个技术难题。对此，数字人民币原型设计给出的构想是："一币、两库、三中心"。

（1）"一币"。"一币"指的是由中国人民银行设计的数字人民币本身，包括其自身的设计要素和数据结构。

（2）"两库"。"两库"指的是数字货币发行库和数字货币商业银行库。原型计划由中国人民银行在央行数字货币私有云上存放央行数字货币发行基金，而商业银行既可以在本地，也可以在央行数字货币私有云上存放数字货币数据。

（3）"三中心"。"三中心"指的是认证中心、登记中心、大数据分析中心。①认证中心负责对央行数字货币机构及用户身份信息进行集中管理。中国人民银行公开信息显示，数字人民币体系收集的交易信息将少于传统电子支付模式，并实行小额匿名（小额钱包无须实名开立）、大额依法可溯，除法律法规有明确规定外，个人信息不提供给第三方或其他政府部门。②登记中心负责记录央行数字货币及对应用户身份、记录流水等。中国人民银行内部将对数字人民币相关信息设置"防火墙"，通过专人管理、业务隔离、分级授权、岗位制衡、内部审计等制度安排，严格落实信息安全及隐私保护管理，禁止任意查询、使用。③大数据分析中心的主要任务是进行反洗钱行为分析、支付行为分析、监管调控指标分析等。

十二、数字人民币的国外流通

外国人来到中国后，可以在没有银行账户的情况下轻松开立数字人民币钱包，像使用传统实物人民币一样使用数字人民币。那么，我们出国能使用数字人民币吗？这一问题，中国人民银行在设计数字人民币原型之初就考虑到了——实现数字人民币的跨境结算功能，是中国人民银行发行数字人民币工作中的一项重要目标。目前，我国研发法定数字货币的脚步走在了世界前列，已基本实现了由构想到试点的初步探索。如果能够把握机遇、引领制度标准，数字人民币将在全世界范围内发挥其巨大的影响力和价值，并将大大助力于人民币的国际化进程。

（1）价值稳定。数字人民币要实现国际化，一项最基本的要求就是必须实现价值稳定。目前，中国人民银行对于发行数字人民币做出了 100% 存款准备金的要求。也就是说，中国人民银行发行的每一元数字人民币都会有对应的一元实物人民币作为担保，这就从制度上将数字人民币和实物人民币进行了固定汇率绑定，也从根本上保证了数字人民币的价值稳定。

（2）自由流通。从技术角度来看，数字人民币的银行账户松耦合属性，决定了其能够独立于传统银行系统而直接进行价值流转，也就不难实现国际的支付流通了。

（3）经济高效。从市场需求角度来看，数字货币相比传统货币而言，能够极大地节省跨境支付中产生的手续费和时间。可以预见，借着"一带一路"的春风，在我国与其他国家进行的跨国交易中，数字人民币将获得青睐。

（4）国际合作。从国际合作平台搭建的角度来看，我国一直致力于积极参与各种关于数字人民币的多边对话与合作。在研发及试点阶段，中国人民银行就已经开始积极参与金融稳定理事会（FSB）、国际清算银行（BIS）、国际货币基金组织（IMF）、世界银行（WB）等国际组织的多边交流与合作。2021 年，中国人民银行数字货币研究所还与香港金融管理局、泰国中央银行、阿拉伯联合酋长国中央银行等，联合发起了一项名为多边央行数字货币桥（m-CBDC Bridge）的研究项目，旨在进一步探索央行法定数字货币在跨境支付中的应用。

第三节　数字人民币的发行与流通

货币的价值来自它的交换以及流通，数字人民币也不例外。中国人民银行将数字人民币的外观形态和运行机制构想好了，接下来就该考虑如何发行和流通的问题了。

一、数字人民币的发行主体

数字人民币由中国人民银行发行，但普通公众却不能直接通过中国人民银行获取数字人民币。数字人民币"双层运营"的结构决定用户只能够通过数字人民币运营机构——目前具备条件为公众提供数字钱包和数字人民币兑换服务的商业银行——兑换取得数字人民币。

二、如何获取数字人民币

就目前数字人民币试点的情况来看，数字人民币主要的获取方式有以下几种：

（1）红包中签。许多试点城市都推出了数字人民币红包，符合条件的公众只需根据要求参加预约抽签，在中签后即可获得相应金额的数字人民币。

（2）商业银行网点申请办理。数字人民币试点地区的居民，可以到相关运营机构网点申请开设数字人民币钱包，在开设钱包后即可进行充值、兑换。例如，邮政储蓄银行可提供人民币现金与数字人民币的兑出、兑回服务，不过该服务仅支持通过柜面或自助机具等部分渠道办理。

（3）商业银行 ATM 机兑换。许多数字人民币试点地区，已经实现了 ATM 机数字人民币兑换场景全覆盖，老百姓可以像现金取现、转账那样，直接用现金或者银行账户中的钱在 ATM 机上进行数字人民币的兑换和获取。

（4）数字人民币 APP 充值。数字人民币 APP 是获取数字人民币的主要渠道。用户下载注册后，就能够通过"充钱包"功能，直接将银行账户中的钱转化为数字人民币，并存入 APP 的数字钱包。

第五章

数字人民币的试点与使用

兑换、申请和红包中签是获取数字人民币的主要渠道，而数字人民币 APP 是使用数字人民币的主要媒介。不论是用户自行充值、兑换的数字人民币，还是以红包形式发放的数字人民币，都要通过数字人民币 APP 来进行相关操作。那么，数字人民币 APP 究竟有哪些功能，又该怎么用呢？

第一节　数字人民币 APP 的试点地区与功能

数字人民币的特色在于它的"钱包"功能，它类似 APP 一般方便、易学，具有非常强大的功能。我们下载、成功注册数字人民币 APP 后，相当于拥有了数字人民币"钱包"。但目前并非所有人都可以使用数字人民币"钱包"。

一、试点地区的居民可下载使用数字人民币 APP

目前数字人民币 APP（试点版）的注册使用仅限于试点区。数字人民币 APP（试点版）截至 2023 年 3 月底，这些试点地区见图 5-2。非试点区的居民下载 APP 后，将提示无法注册（见图 5-3）。

在试点地区注册的新用户，无须输入姓名、身份证号、银行卡号等个人信息，只需通过手机号即可关联注册账号。注册成功后，从几家银行中选择一家开设数字人民币"钱包"，经过人脸信息识别后（见图 5-4），即可使用 APP 的相关功能。

图 5-1　数字人民币 APP（试点版）

图 5-2　数字人民币试点地区

图 5-3　非试点地区无法注册数字人民币 APP 的提示

图 5-4　系统身份认证——人脸识别

二、数字人民币 APP 功能多样

数字人民币 APP 的服务页面中，当前主要提供钱包管理（包括硬件钱包管理）、子钱包推送、红包管理、交易助手、贴一贴、碰一碰、扫一扫等服务功能（见图 5-5）。

图 5-5　数字人民币 APP 功能页面展示

和传统纸币、硬币一样，数字人民币也可被存放于特殊的"钱包"——"数字钱包"中。从技术上看，数字钱包是记录和存储数字人民币的载体；从权利上看，数字钱包关联具体用户，能够兼顾数字人民币使用的安全性和隐私性。

第二节　数字人民币"钱包"的使用

与普通钱包不同，数字人民币"钱包"还需进行一些设置，以便根据不同设置在不同场景中使用。

一、数字人民币"钱包"有名字

在开通数字人民币"钱包"后，用户可以自由设置钱包名称（见图 5-6）。这个名称将会在收付款时向对方展示，如此一来，既保障了交易的可溯性，也充分保护了使用过程中的用户隐私。

图 5-6　数字人民币钱包名称设置提示图

二、数字人民币"钱包"有不同"外形"

目前市场上可见的数字钱包一般有两种："软钱包"和"硬钱包"。

（1）"软钱包"。软钱包主要指的是基于数字人民币APP提供的钱包服务。从目前几家运营机构在数字人民币APP中推出的钱包来看，它们的外观和功能皆十分相近，只在颜色和功能排版上有些许区别（见图5-7）。同一用户可以选择不同的数字人民币运营机构开设多个"软钱包"（见图5-8），并使用数字人民币APP进行统一管理。每一个软钱包在开立后，都将形成一个唯一的、数字串形式的"钱包编号"，这个编号将在支付、收款时用于识别钱包信息；用户使用时只需在钱包首页左右滑动即可切换不同软钱包。

图 5-7　部分数字人民币"软钱包"外观

图 5-8　用户开立多个数字人民币钱包

（2）"硬钱包"。"硬钱包"是指基于安全芯片的电子数字人民币钱包，又可被分为卡式"硬钱包"（包括有窗卡式及无窗卡式）和移动设备"硬钱包"两种。

2021 年 1 月 5 日，能够脱离手机独立使用的"可视卡式硬钱包"首次亮相于上海市长宁区的上海交通大学医学院附属同仁医院。通过一款长相神似饭卡的数字人民币"硬钱包"，医生可以实现在食堂的点餐、支付一站式体验。每一次交易后，卡上的"可视窗"就会显示交易金额和可用余额，十分方便。

如今，卡式硬钱包已经演化出尊老卡、校园卡、社保卡等多种新形式。

移动设备硬钱包，最早出现于北京冬季奥林匹克运动会试点场景中。其早期推出的形式十分多样，如移动手环钱包、手套钱包、冰芯雪环钱包、五色手环钱包、智能电子证钱包、虎年生肖钱包、钥匙坠钱包等。

无论是哪一类硬件钱包，均采用国密算法，完全满足数字人民币支付的高安全性要求，客户可通过扫码和"碰一碰"进行线下支付。此外，硬钱包还可以使用"贴一贴"功能进行充值和管理：用户只需在数字人民币 APP 的服务页面选择"贴一贴"功能，再将硬钱包与手机贴一贴，即可实现账户之间资金的转入、转出，查询交易记录，密码管理等操作（见图 5-9）。

图 5-9　数字人民币"钱包""贴一贴"功能

三、数字人民币"钱包"的不同身份和权限

（1）按"身份"划分的四类钱包。数字人民币"钱包"是按照客户身份识别强度进行分类的。目前一共有四种钱包类型，分别为四类钱包、三类钱包、二类钱包和一类钱包。每一类钱包在办理要求和交易限额方面均有不同的规定（见表 5-1）。

表 5-1　身份钱包的类别与差异

钱包类别	开立地点	实名程度	交易限额	是否绑定银行卡
四类钱包	现场	★★★★	无	是
三类钱包	远程	★★★☆	★★★☆	是
二类钱包	远程	★★☆☆	★★☆☆	否
一类钱包	远程	★☆☆☆	★☆☆☆	否

　　四类钱包，又称为非实名钱包，是这四类钱包中准入门槛最低的一类钱包。客户只需向数字人民币运营机构提供手机号码，就可以轻松办理。四类钱包的主要优势在于其最大程度地延承了传统纸币的"无记名"性，要求用户关联手机信息，更多的是为了明确数字货币的所有权归属，并提供 APP 登录信息。但由于身份关联性弱，所以它的交易限额也是这四类钱包类型中最低的——余额不得超过 1 万元，单笔支付金额不能超过 2 000 元，每年的累计支付限额不得超过 5 万元。如果用户一天内需要完成 5 000 元以上的数字人民币支付，那么四类钱包的交易权限就无法实现这一目标了，用户可以通过选择升级钱包来解决这一问题。

　　身份识别强度更高一级的三类钱包，拥有着比四类钱包高一些的交易限额。用户只要在手机号之外，再提交身份证件信息，就可以将四类钱包升级为三类钱包。它与四类钱包一样，都可以远程开立，无须绑定银行账户，相对而言实名程度也并不高。但是它的使用限额要比非实名钱包高许多：三类钱包的交易余额上限被提高到 2 万元，单笔支付限额上限被提高到 5 000 元，每日最多可累计支付 1 万元；而每年的支付累计则没有设置限额。

　　二类钱包是实名程度较高的一类钱包。虽然也可以以远程形式开立，但办理时需要关联本人境内银行账户等信息。二类钱包在使用限额上，将余额上限、单笔上限以及日累计上限分别提高为 50 万元、5 万元和 10 万元，适用于大额支付交易，并且还支持个人数字钱包内的数字人民币与绑定银行账户存款之间的互转。

一类钱包是实名程度最高的钱包。用户如升级至一类钱包，就只能到现场核验申请人身份和银行账户信息后方可办理。一类钱包不支持远程开立。虽然开立门槛较高，但一类钱包却是四类钱包中唯一不设任何交易金额限制的钱包，真正实现了与取用纸币一样的效果。

（2）按权限归属分的两类钱包——"母钱包"和"子钱包"。从数字人民币 APP 目前推出的功能来看，数字人民币钱包的所有者可以在开立钱包后，在其下开立若干个针对不同细分场景的更细小的钱包，也就是"子钱包"。因此，最初开立的钱包可被称为"母钱包"。

"子钱包"的作用是为了让数字人民币 APP 能够连接更多的商户，使数字人民币在包括电商消费、交通出行、本地生活等分场景、分机构中的使用变得更加畅通无阻。"子钱包"具有管理便捷、场景多元、隐私保护等多重优点，开立"子钱包"后，个人用户可使用限额支付、条件支付和个人隐私保护等功能；机构用户则可使用资金归集及分发、财务管理等特定功能。举例来说，使用过支付宝、微信等第三方支付平台的消费者应该都经历过，部分平台和场景不支持此类支付方式的情形。例如，使用"淘宝 APP"时无法用微信支付，使用"京东 APP"时不支持支付宝支付等。但随着数字人民币试点和业务的不断推广，更多的应用场景将被拓展并与数字人民币"子钱包"产生链接，这样，消费者在使用子钱包支付数字人民币时，就不会出现"不支持该支付手段"的窘境了。

那么，数字人民币"子钱包"该怎么开通使用呢？①用户只需在数字人民币APP"子钱包"功能中选择"添加子钱包"，即可从提供的不同平台场景中选择一个进行推送。例如，购物场景下的京东、美团、海尔智家，出行场景下的滴滴出行、青岛地铁、东方航空，生活场景下的饿了么、天猫超市、顺丰速运、网上国网、中石化，以及旅游场景下的携程旅行、春秋航空，等等。值得一提的是，向饿了么等应用场景推送子钱包时，需推送至关联的支付宝账号；这样在结算时，就可选择"支付宝—数字人民币"进行支付。②推送时，用户还需设置"子钱包"的单笔支付限额以及日累计支付限额。在满足不超过数字人民币"母钱包"类别最高限额的条件下，用户可以自行随意调整限额数目，并随时进行调整（见图5-10）。③推送成功后，用户就可以直接在关联的场景中使用数字人民币进行支付了（见图5-11）。

图5-10　四类钱包的子钱包限额设置

图 5-11　与京东关联的子钱包

四、数字人民币"钱包"的具体功能

目前几家运营机构推出的数字钱包服务，通常具备"充钱包""存银行""转钱""付款""收款""挂失"等几大功能。接下来我们就一起看看，这些功能都是如何使用的。

（1）"充钱包"功能。用户将本人银行账户内的资金等值转化为数字人民币，即把"钱"充值进钱包内。需要注意的是，充值时不可超出不同钱包类别对应的余额限额上限（见图 5-12）。

图 5-12   工商银行数字人民币四类钱包的"充钱包"功能

（2）"存银行"功能。用户还可以将名下数字人民币钱包内的数字人民币等值转化为名下银行账户内的资金。但若想实现这一功能，需将数字人民币升级后，与相关银行账户绑定才行。

（3）"转钱"功能。用户可以直接将数字人民币钱包中的钱进行转账。转钱既可以在本人不同的数字钱包之间进行，也可以转给其他人的数字人民币钱包。转账时，使用手机号和钱包编号都能够快速匹配用户；转账无延时，十分方便快捷。

（4）"付款"功能。用户可以使用数字人民币 APP 通过扫描二维码、NFC 的"碰一碰"等方式向另一方转移和支付数字人民币。其

中，在数字人民币 APP 首页，用户可以以上滑的方式迅速调出付款二
维码（见图 5-13）。此外，数字人民币钱包也支持小额免密支付，设
置之后，向特定第三方单笔付款金额为 500 元以下的交易，将无须验
证支付密码或短信动态验证码等信息。

图 5-13　数字钱包上滑付钱功能

（5）"收款"功能。用户可以通过向付款人展示收款码的方式，
实现接收数字人民币进入本人数字钱包的功能。用户可以以下滑的方
式快速调出收款码二维码（见图 5-14）。

图 5-14   数字钱包下滑收钱功能

(6)"挂失"和"挂起"功能。当用户手机丢失或账号出现风险时,数字人民币钱包可以被"挂失"。如用户暂时无法或不想使用数字人民币,可通过电子钱包 APP 在线客服将电子钱包设置为"挂起"状态。在该状态下,用户将无法对电子钱包进行任何资金进出交易,但可以发起状态变更。此外,数字钱包协议还载明,因有权机关要求,个人电子钱包可以被停用,在停用状态下用户无法对电子钱包进行任何操作。用户也可以要求并发起将电子钱包注销,注销后将无法通过电子钱包进行任何交易,且注销后不可逆。

五、如何使用数字人民币钱包

（1）"扫码"支付。消费者在支付数字人民币时，可用手机或硬钱包设备扫描商家提供的二维码付款，也可由商家用 POS 机直接扫描消费者的付款码。

（2）"碰一碰"支付。作为数字人民币的创新支付方式之一，消费者可以直接使用手机、移动硬钱包等和商家的收款码立牌"碰一碰"完成支付。用软钱包操作时，只需打开手机的 NFC 功能，进入数字人民币 APP，点击上方的"碰一碰"，将手机背面靠近收款码立牌的"碰一碰感应区"即可完成支付。

（3）"双离线"支付。双离线支付，指的是即使支付双方是在没有网络的情况下，也可以实现的支付形式。作为数字人民币的重要创新功能之一，它保障了数字人民币在一些网络不顺畅，或者对网速有限制的特殊场所，如地下室、停车场、山区，也能被如常使用，这彻底脱离了网络对移动支付行为的约束，大大赋能数字人民币多元化的使用场景。

数字人民币双离线支付主要依托于 NFC 技术实现。NFC 是一种近距离高频无线通信技术，传输距离小于 10 厘米，采用点对点通信，无须第三方设备中转传输信号。与生活中我们常见的"刷公交卡"付款的机制相类似，用安装了数字人民币 APP 的手机与 NFC 标签碰一碰、手机与手机碰一碰、手机与 POS 机碰一碰等，就可以完成支付。这一技术采用芯片硬件加密和软件加密技术，不到 0.1 秒就可以完成点对点的加密通信，能够充分保障支付安全。但仍需指出的是，要使用双离线功能，支付设备必须支持 NFC 功能，因此实践中一些"老人机"或将无法进行离线交易。

目前，双离线功能虽然还未在试点区内普及，但已有不少消费者体验过它的便捷。2020 年 12 月 12 日上午，十分幸运地入选了苏州相城区数字人民币消费红包"离线钱包体验计划"的陆女士，来到线下实体店体验了"双离线"支付。付款时，她在店员的指导下先开启手机飞行模式，然后打开华为手机钱包，选择数字人民币，再点付款；此后店员在自己的手机上输入金额后，将双方手机紧挨着"碰一碰"，就快速完成了商品交易。在目前试验的双离线支付场景中，对于商家没有特别的设备要求，商家只需一部智能手机就可以完成收款，而且目前提现不收取任何手续费。

六、数字人民币能否被继承

既然数字人民币是数字形式的人民币，与传统货币的财产属性一致，那么它能否像实物货币那样，在所有权人去世后被继承呢?

（一）数字形式的遗产

（1）虚拟货币的继承。虚拟货币一般是指借助于计算机网络在发行者与持有者、发行者和商家与持有者之间的流通货币，能够被用于购买虚拟的产品或者与货币价格相同的等价物。在法定数字货币出现前产生的虚拟货币，并非真正意义上的货币，而是一种虚拟的财富累积，典型的虚拟货币如比特币、腾讯公司的 Q 币等。对于传统虚拟货币是否具有可继承性的研究和讨论，主要集中在以下几个方面：①虚拟货币是否属于继承法中明确的可以继承的遗产的范畴？②虚拟货币是否具有财产属性？③虚拟货币财产转移流程如何操作？其中第三项问题，也是目前解决虚拟货币继承问题中的主要难点。

（2）虚拟货币继承的主要难点。①由于匿名性、数字化等特征，虚拟货币的继承者并非总能从前一任所有者那里及时地获取虚拟货币的完整信息，因此容易造成信息不对称等问题，从而导致继承者不能发现继承财产、行使继承权的情况。②与纸币、硬币在继承时通过交付即可实现所有权转移不同，虚拟货币"看不见、摸不着"，它的价值凭证往往是一串加密字符，因此它的继承到底以交付还是登记为权利转移要件，当前尚有许多争议。也就是说，数字人民币没有办法像现金那样简单地由 A 交给 B 来实现所有权转移，它的价值转移需要通过记载它数字信息的平台完成。③由此，又会引发第三个问题，那就是数字平台有没有义务，以及通过什么合法程序来审核继承者的身份，并实施虚拟货币的交付。

（3）数字人民币可以算作数字形式的遗产吗？以法定数字货币形式出现的数字人民币，不论是从哪个层面来看，都对其是否可以被作为遗产继承的疑问做出了回应：①对于是否属于遗产范畴这个问题，《中华人民共和国民法典》第一千一百二十二条规定："遗产是自然人死亡时遗留的个人合法财产。依照法律规定或者根据其性质不得继承的遗产，不得继承。"这一提法将此前《中华人民共和国继承法》中对于"遗产"规定的范围做了十分笼统的扩大化解释，将"公民收入、房屋、林木、文物和著作权等"改为"个人合法财产"。这从根本定性上扫清了数字人民币被纳入遗产范畴的障碍。②从财产价值看，数字人民币是由中国人民银行发行，与纸币、硬币等价的法定货币，本身就具有流通价值，自然具有可以被继承的财产属性。③数字人民币的发行和监管方是中国人民银行，对开立的数字人民币钱包进行流向可溯的管理。无论是从技术上还是程序上，都能够实现对继承者身份的核验以及数字人民币的转移交付。综上而言，只要是自然人生前合法取得的数字人民币，就可以作为遗产来处置。目前我国虽尚未出台有关数字人民币继承的相关法律法规，但其在具体操作中的许多问题依然能够找到解决之策。

（二）去世用户的权利保护

如前所述，数字人民币试点虽还未涉及继承等更深层次的权利内容，但已在用户隐私层面考虑到了对去世的数字人民币所有者的隐私保护问题。根据数字人民币 APP 的个人隐私条款，数字人民币所有者去世后，除其生前另有安排外，允许其近亲属为了自身合法、正当利益，对去世用户的 APP 账号相关个人信息行使查阅、复制、更正、删除等权利。

第六章

数字人民币的多元化应用

进入试点新阶段后，数字人民币的许多个"首个""第一次"频繁在各地上演，给老百姓带来了非同一般的创新体验。

要让数字人民币尽快融入百姓的日常生活，应用场景的建设和拓展十分重要，其中最核心的任务之一，就是让这些场景下数字人民币的使用成为一种自下而上的刚性需求。从目前的试点推广情况来看，数字人民币的应用场景已经在最初的设计基础上，有了丰富多彩的创新尝试，将校园支付、"三农"帮扶、社区关怀、文化旅游、税费征收、日常出行、外卖餐饮、生活缴费等场景囊括其中，这些场景几乎覆盖了我们生活的方方面面。

第一节　日常零售消费场景

中国人民银行发布的《中国数字人民币的研发进展白皮书》曾指出，"数字人民币是一种零售型央行数字货币，主要用于满足国内零售支付需求"。因此在前几轮的数字人民币的试点投放过程中，数字人民币支付最先覆盖的就是试点试验区的零售消费场景。在这些试点场景中，数字人民币充分发挥了其诸多的功能优势。

一、助力信息消费新模式

随着数字经济的发展和科学技术水平的提高，"信息消费"这种新模式开始成为线上消费的主流趋势之一。所谓信息消费，指的是一种直接或间接以信息产品和信息服务为消费对象的经济活动。例如，充会员看影视剧、购买手机流量、线上团购、点外卖、交易虚拟数字产品等，都是常见的信息消费行为。在信息消费时，消费者获取的商品、服务，其依赖的途径往往是数字化的。因此这种消费场景天然与作为"数字化纸币"的数字人民币十分契合。

在试点地区，首批数字人民币在线上零售场景的使用可以通过子钱包实现。消费者在数字人民币 APP 中点击"钱包快付管理"后，就可以添加线上商户的子钱包进行推送。推送成功后，消费者在该商户线上渠道进行支付时便可以使用数字人民币。截至 2023 年 4 月底，可开通子钱包商家已有 114 家，其中包含了京东、美团、天猫超市、盒马、苏宁等一众线上购物商城（见图 6-1）。

自试点工作启动以来，数字人民币流通存量快速增长，至 2022 年年底已达到 136.1 亿元。线上零售平台的积极参与功不可没。例如，截至 2022 年 1 月，美团网提供的线上数字人民币消费场景已多达 200多类；其通过发放数字人民币民生消费补贴的形式，已累计带动各类民生消费超过 140 亿元，其中有 92% 以上的数字人民币消费补贴被使用在外卖、买菜、餐饮等日常消费场景中。

图 6-1   数字人民币 APP 中的部分子钱包商户

二、有效降低商户现金管理的成本和风险，并能切实杜绝收到假币的风险隐患

对提供零售服务的线下商户而言，升级成为数字人民币收款商户的整个过程很便利。消费者不论是使用支付宝、微信、手机银行付款，还是使用数字人民币付款，商户只需一个收款码就可以完成收款。此外，数字人民币收付款不仅具备了传统电子支付方式无须进行现金管理（即有效地杜绝了假钞）的优点，同时还比使用支付宝、微信等更加经济，因为使用数字人民币收款，其提现没有手续费。

三、离线支付适用于各种交易环境

不论是支付宝还是微信等传统的手机支付，其必须依赖于网络。因此在手机没电、无网络或者网络信号差的时候，对于不带现金的消费者来说，支付将变得极为困难。但这个几乎可以被称为"移动支付技术瓶颈"的难题，对于数字人民币来说却毫无压力。数字人民币采用NFC技术支持离线状态下的支付，因此即使是在一些通信网络不太理想的地方，数字人民币的支付功能也能确保交易的顺利进行。

例如，中国工商银行宁波分行为雅戈尔集团在全国所有试点城市的雅戈尔自收款门店开通了数字人民币收款服务；在杭州滨江区江南豪园农贸市场，老百姓可以用数字人民币买菜。

第二节　生活服务场景

想必大家都有缴纳水电费等生活缴费的经历，这些费用需定期应缴，金额不大，却颇费周章。因此很多人喜欢打开支付宝或微信中的小程序，用手指轻轻一滑动，输入充值金额、通过身份认证，便完成了一次缴费。不仅如此，还有乘坐公交、汽车加油、节庆消费、养老服务、文化旅游等场景，都与生活息息相关。为此数字人民币设置了诸多场景应用，提供了很多便利与优惠。

一、水、电、气、医疗、物业等生活缴费

2021 年 10 月 8 日，数字人民币"苏州相城生活服务平台"上线。在这个平台上，苏州市民可以选择用数字人民币进行燃气费、水费缴纳以及手机通信费充值。2022 年 5 月，苏州自来水公司推出了数字人民币支付满减活动（见图 6-2），活动期间前 1 200 名缴费客户，只需到指定营业厅使用三类以上数字人民币钱包支付水费，就可以享受满减优惠。

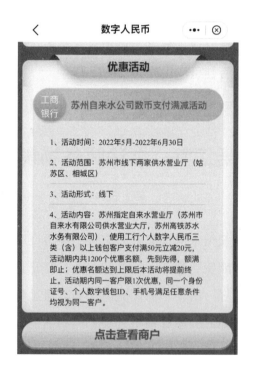

图 6-2   苏州数字人民币支付水费满减活动宣传图

随着试点工作的持续推广，越来越多的试点城市也纷纷搭建起了数字人民币的生活缴费场景：在长沙的数字人民币"体验日"活动中，市民可以用数字人民币缴纳燃气费；在大连，市民可以用数字人民币缴纳住宅专项维修资金；在浙江、广东、重庆等地的相关医院里，市民可以直接通过数字人民币APP支付就诊费用；浙江省中医院安装了支持数字人民币支付的自助缴费机；2022年12月，富阳水上运动中心作为亚运场馆之一，进行了省内首笔通过数字人民币进行的电费缴纳操作……

二、"无感免密"加油

数字人民币试点区苏州率先推出了"AI无感加油"服务。车主去苏州中石化加油站加油时，既不用下车，也不用付款，只需要将开立的数字人民币钱包和车牌号进行绑定，并进行免密支付的电子账户签约，即可在每次加油时自动完成支付。具体的场景是：当登记车辆进入中国石化的无感加油站点后，智能摄像头就可以及时识别出车牌号从而锁定会员车身份，驾驶员将车子停靠在支持无感加油的油机旁，加油站工作人员会根据提示进行加油。加油完成后，系统将自动从绑定的数字人民币钱包中扣除费用。这真正实现了"不下车、不开口、不进店、不付现"。

三、绿色出行

公交、地铁、共享单车等，是都市生活的主要出行工具，其费用支付往往具有小额、高频的特点。这类场景恰恰是数字人民币试点测试的主要方向。从试点工作落地至今，数字人民币支付几乎已覆盖了各式各样的公共出行场景。在厦门、重庆、杭州、珠海等地，"数字人民币+公共交通"的出行模式已经得到广泛推广与应用，市民们可以在地铁、公交车、共享单车等交通场景中使用数字人民币和数字红包。在福州、厦门、广州等地，数字人民币已实现了高速收费场景覆盖，其中，福州和厦门两地共计74个高速公路收费口已全部开通数字人民币支付方式，广州市范围内37条高速公路的170个收费站也逐步配套了数字人民币支付服务（见图6-3）。

图 6-3　数字人民币在公共出行领域适用场景多样化

从试点效果来看，数字人民币在公共交通出行领域的应用，能够产生十分重要的积极影响。①对于 C 端消费者来说，消费者能够在出行支付中充分享受数字人民币带来的便利，即使在一些网络不佳的地铁站也能够顺畅地进行支付。②对于 B 端商户来说，在日常高频场景中发放数字人民币红包的方式，能够极大地刺激消费、带动交通线附近的商业活动、增强市场活力。③对于 G 端政府来说，在普及数字人民币应用的同时，可以利用数字人民币试点活动，引导市民积极加入绿色出行的行列。例如，在美团单车数字人民币试点活动中，使用数字人民币的用户累计达到了超过 120 万的绿色骑行公里数，与驾驶燃油车相比，同等运量下或可减少碳排放量近两万吨。

四、节庆消费场景

春节等节庆期间资金交易量大，支付需求和交易量剧增。各试点地区借助春节等节日和冬奥会，以"摇号抽签，发放红包"形式，发放数字人民币优惠券与消费券。2021 年全年，各试点地区共开展 8 轮测试、发放 1.5 亿元的数字人民币红包。其中，上海与苏州共同举办的"五五"购物节，首次实现了数字人民币区域联动；深圳派发消费券的活动，规模最大、时间跨度最长；成都开展了"数字人民币 红包迎新春""绿色出行 低碳一夏"等活动，实现单次活动报名人数最多、发放红包数量最多；西安市雁塔区政府向防疫医护人员、志愿者代表发放数字人民币消费红包。

五、养老服务场景

在我们的日常认知中，老年人行动不灵活、思维固化，似乎很难对新兴支付手段产生兴趣。但其实老年人也有零售支付需求，需要更便捷的支付手段。

（1）北京大家保险养老社区案例。在北京大家保险养老社区，老年人可以使用智能胸卡，其整合了数字人民币小额支付、紧急呼叫、电子围栏、轨迹查询等多种服务功能。

（2）成都养老案例。成都市在全国首创数字人民币养老场景，依托嵌入数字人民币支付功能的可穿戴设备、硬卡钱包等技术，切实解决老年人运用智能技术难题。同时，成都市积极跟进成都市老年大学联名卡和数字人民币学费缴纳、时间银行、锦江区老年人补贴系统的数字人民币改造等项目，持续探索老年群体应用数字化人民币的场景。

六、文化旅游场景

年轻群体一直是旅游消费的主力军，他们对数字人民币这种新鲜事物普遍抱有极大的兴趣，因此也充当起了数字人民币支付"尝鲜"的主力军。

（1）上海试点案例。在上海，一名来自苏州的游客张女士正准备乘坐外滩金牛广场的观光巴士，上车后，她通过扫描二维码完成了一笔120元的数字人民币支付，成为了第一位体验数字人民币支付都市观光游的游客。

（2）深圳试点案例。深圳市民水先生首次尝试春秋航空与合作银行共同在"春秋航空 APP"上推出的数字人民币支付业务，使用数字人民币下单支付，购买了一张从上海飞往深圳的单程机票，成为全国首个数字人民币支付机票费用的体验者。

同样在深圳，一年一度的南山荔枝文化旅游节热闹非凡。在 2021 年荔枝文化旅游节中，南山旅游各大景区的门票收费以及周边商户消费都可以通过数字人民币支付方式进行。同时，中国建设银行深圳市分行还携手南山各景区开展了数币优惠补贴活动。游客只需在 8 月 31 日前使用建行绑卡数字人民币钱包，即可享受在深圳野生动物园购买门票满 100 元减 50 元、在青青世界购买门票满 40 元减 20 元的优惠。

（3）旅行平台直播间试点案例。此外，线上直播间也逐渐成为数字人民币试点的主要平台。携程旅行率先在直播间引入了数字人民币支付方式，80 后的关先生成为旅游场景下数字人民币支付的最早一批用户之一。关先生选择了携程旅行直播间推出的"望山居别墅"套餐，通过点击产品链接，在支付过程中使用了数字人民币，整个体验过程非常便捷、流畅。

第三节　公共服务场景

人们通常需要办理各式各样的缴费手续，才能享受公共服务。很多人常常因排队等候或程序烦琐而苦不堪言。而将数字人民币运用于公共服务，能省去很多环节。

一、数字人民币交税交费

在政务服务场景中,数字人民币在税费缴纳环节的应用开始出现在越来越多的试点地区。实践表明,使用数字人民币缴税缴费有许多优点:一是操作流程简便、效率更高。以数字人民币缴税为例,支付税款无须通过第三方平台中转,流程更快、隐私性也更强。二是能够降低缴纳税费的制度性交易成本、提升用户体验。比如使用数字人民币纳税,不会在跨行、跨地区资金流转过程中产生任何服务费和手续费,能够有效减少纳税人跨省异地签订三方协议时扣缴税费的成本支出。三是基于数字人民币"小额匿名、大额依法可溯"的特征,缴纳税费的资金流向能够被征管系统依法依规地进行记录和监管,为"精细服务、精确执法、精准监管"提供了技术支持。

(1)北京雄安新区试点案例。从2021年11月19日开始,北京雄安新区开始试点数字人民币"财税库银T+0模式"缴税入库业务和数字人民币网点缴税业务,并于12月6日在工商银行河北雄安分行完成投产上线。雄安新区选定了四个纳税人和缴费人办理频度高、涉税业务量大、便捷度感知明显的样本场景开展先期测试,实现了首笔数字人民币"财税库银T+0模式"缴税入库。

(2)湖南试点案例。2021年6月,湖南出台了《湖南省关于进一步深化税收征管改革的实施方案》,结合省会长沙数字人民币的试点工作,对税费缴纳、医保缴费、社保缴费等数字人民币场景进行了积极探索。同年12月24日,湖南跳马园林有限公司的会计曾女士,通过湖南省电子税务局使用数字人民币成功缴纳了当期各项税费

4 502.35 元。这是湖南在数字人民币税务端线上缴税支付场景的首次成功应用，标志着数字人民币税款缴纳工作在湖南的全面"解锁"。据悉，湖南试点的数字人民币缴税流程十分简单，纳税人只需开通数字人民币钱包，通过湖南省电子税务局、手机银行 APP 或网上银行、税务大厅、银行柜台四种方式中的任意一种，兑入数字人民币并办理数字人民币缴税签约，即可进行申报缴税。相关款项从缴纳到国库入库对账全流程，均通过数字人民币流转。

（3）海南海钢集团试点案例。2022 年 1 月 18 日，海钢集团通过工商银行昌江县支行数字人民币对公钱包向昌江县税务局进行了一单 1.043 亿元的大额数字人民币缴税业务。2022 年 5 月，全国首单数字人民币财政实拨资金业务在海南文昌落地。

（4）浙江杭州滨江试点案例。浙江省作为数字人民币试点先行省份之一，在纳税缴退费场景建设方面实现了重大突破，截至 2023 年 2 月，已累计实现数字人民币缴退税 35 亿元。在杭州滨江区办税服务厅，纳税人已经可以用数字人民币完成印花税缴纳。

（5）浙江温州高校试点案例。在温州高校，学生们已经可以使用数字人民币支付党费。浙江安防职业技术学院的朱同学在试点第一时间就通过数字人民币缴纳了党费，成为温州市高校首个数字人民币支付党费的用户。

二、数字人民币缴纳诉讼费

2021 年 11 月，某案件代理人赵律师在成都市锦江区人民法院服务大厅，用数字人民币缴纳了诉讼费。据了解，该法院与工商银行联合，以"一案一人一钱包"的方式为每个案件单独开立数字钱包，支持当事人扫描钱包二维码，以数字人民币支付的方式完成诉讼费缴纳。这既为当事人缴纳费用提供了便利，也提升了法院诉讼费管理效率。同时，数字人民币钱包体系与银行账户体系"1+1"线上线下一体化并行，构建了法院"账户+钱包"资金管理体系新模式。

三、数字人民币发放财政资金

（1）海南文昌案例。2022年4月26日，中国人民银行文昌市支行在该市财政局、气象局及交通银行协作下，将100万元财政实拨资金转至文昌市气象局数字人民币对公钱包。文昌市财政局在财政预算一体化系统中完成对收款单位的数字人民币对公钱包设置，并将资金支付令发送到中国人民银行国库业务系统。中国人民银行文昌市支行获悉财政局工作经费拨付计划后，组织交通银行文昌支行对接文昌市气象局开立数字人民币对公钱包。中国人民银行国库收到资金支付令并核验相应纸质票据后，将资金拨付至文昌市气象局的数字人民币对公钱包，实现了从财政发送支付令到中国人民银行国库、国库资金直接投放数字人民币的全流程自动处理。

（2）深圳试点案例。2021年，中国人民银行深圳市中心支行推动试点使用数字人民币发放"稳企业保就业"专项资金工作，进一步促进财政资金直达企业，截至2021年3月末，累计发放1 110项1.96亿元专项资金。

四、项目结算场景

2022 年 3 月，苏州实现了国内首笔以数字人民币支付工程款项的结算交易。由苏州高铁新城国有资产控股（集团）有限公司通过中国工商银行和中国建设银行的数字人民币对公钱包，向苏州保融建设项目管理有限公司转账支付了代建费用，共计 554 950 元。传统的银行转账，会受到跨行转账、交易时段、交易预约等方面的制约，因而大额交易转账的便捷性并不十分理想。但数字人民币交易转账就不会有这些问题，资金到账的时效性很高，50 多万元前后只需几秒钟就到账了，可谓"随转随到"；而且数字人民币本身还兼顾了支付成本低、安全性高等优点，十分适合项目结算。未来，数字人民币在相关领域将具有广阔的应用前景。

五、大型体育赛事场景

2022 年 2 月，在北京冬季奥林匹克运动会期间，数字人民币落地40.3 万个场景，实现冬奥会安保红线外交通出行、餐饮住宿、购物消费、旅游观光、医疗卫生、通信服务、票务娱乐七大类场景全覆盖。其中，在交通出行方面，可通过亿通行 APP、一卡通 APP 对接数字人民币乘车，并且轨道交通人工售票窗口和自助机具支持使用数字人民币购票、充值。在购物消费方面，王府井、世纪金源等重点商圈及物美超市等连锁店均已支持使用数字人民币购物消费。在医疗卫生方面，已有 23 家定点医院支持受理数字人民币。在文化旅游方面，八达岭长城线下购票场景、故宫内自营文娱商店场景、圆明园景区购票及购物场景，已完成数字人民币受理环境建设。不仅如此，国内消费者、境外人士还可任选手机支付、ATM 机支付或可穿戴设备支付等形式。至此，数字人民币交易额已达 96 亿元。

2022 年 3 月，浙江省包括杭州、金华等地在内的承办亚运会的六座城市也入围了数字人民币第三批试点地区，目标于 2023 年建设并落地数字人民币应用场景 200 万个，全年交易规模力争突破 2 500 亿元。从浙江省数字人民币试点工作领导小组联合办公室印发的《2023 年浙江省数字人民币试点工作要点》来看，第十九届亚运会试点将数字人民币应用场景任务分为"赛事侧应用"和"城市侧应用"。前者主要包括实现赛事侧受理环节全覆盖、做好数字人民币供应保障、加强数字人民币运行保障、打造数字人民币宣传展示窗口等。而后者则致力于建设全面的数字人民币商贸消费体系，大赛承办城市建设的智慧商圈、特色步行街、大型商超等支持数字人民币受理。2022 年 12 月，杭州召开了以"数币场景，赋能亚运"为主题的亚运数字人民币硬钱包发布会。在发布会上，2 个系列、12 款亚运数字人民币硬钱包首次亮相。此次发布的硬钱包主要包括卡式和手环式两种类型，使用"贴一贴"功能即可实现与软钱包的绑定，日常消费与收款则依赖于"碰一碰"功能。作为第十九届亚运会协办城市的宁波，在试点的一年时间内（截至 2023 年 4 月 26 日）已累计开立数字人民币钱包 31.7 万个，交易金额 2 009 万元，支持数字人民币支付的线下商户门店多达6 739 个。

第四节　校园生活场景

截至 2022 年，我国各试点地区已有十多所院校开展了校园数字人民币建设项目，包括海南大学、南京师范大学苏州实验学校、长沙市周南梅溪湖中学、明德华兴中学、三亚学院、苏州工业职业技术学院、上海商学院等。数字人民币已为这些院校的大学生、中学生提供了很多便捷服务。

在全国首个数字人民币校园场景落地的南京师范大学苏州实验学校里，学生只要通过在数字人民币 APP 上开通账户并与校园卡签约绑定，就可以在校园内自由使用数字人民币。除了手机二维码支付、人脸识别支付外，学生的校园卡还成了数字人民币钱包，可以直接用于校园餐厅就餐消费、洗衣房自助洗衣、校园超市消费等多个场景。在这些校园场景中，校园卡与家长的数字人民币钱包直接关联，实现"无感划扣"，能够带来许多好处：①对于 C 端来说，首先是省去了家长充值校园卡这一步骤，并帮助家长能够实时、全面地掌握学生消费情况和资金流向；其次是解决了部分学校不允许学生使用手机而产生的不便，增加了校园支付的形式，减少了现金的携带和管理问题；最后是在部分场景下解决了以往校园卡在校外不可通用的情况，即用一张卡便捷地打通了校内外支付。②对于 G 端来说，对教育主管部门参与校园管理、推进数字化校园建设、构建智慧校园一体化管理实现了赋能。

在浙江大学宁波理工学院内，学生可以使用数字人民币进行超市购物、热水缴费等支付活动。后续，学校还将实现数字人民币在财务结算、代发工资、公务报销等领域的应用。

2021 年，中国银行与中国联通联合对北京邮电大学提供数字人民币服务，具体业务涵盖数字人民币充值、数字人民币支付以及 5G SIM 卡钱包支付等。

2021 年 12 月，苏州大学举办"云中交惠，数享苏大"数字人民币多功能应用场景全面线上暨校园数字人民币活动启动仪式。该校学生除了可以在校内交通银行营业网点及 ATM 机办理数字人民币业务外，还可以使用数字人民币缴纳学费与各类培训费用。此外，苏州大学还尝试在食堂、宿舍水电、电瓶车充电桩等多元场景中加入、完善数字人民币消费功能。

第五节 "乡村振兴"场景

中国人民银行在《中国数字人民币的研发进展白皮书》中曾强调，"数字人民币以提升金融普惠水平为宗旨"。"乡村振兴"问题是关系国计民生的根本性问题。从长远来看，数字金融的发展将有力推动我国乡村振兴战略的实现，数字人民币在"乡村振兴"场景的应用，将有效弥合城乡数字鸿沟，切实将人民币数字化转型的红利普惠到农民。因此，为了使数字人民币能够实实在在地履行其作为普惠型支付工具的使命，许多试点地区纷纷进行了积极有益的尝试。

一、上海青浦：数字人民币偿付农业保险

在上海青浦，农户 A 体验了使用数字人民币进行的投保、理赔和消费支付。2021 年，农户 A 以数字人民币的形式在安信农保进行了投保。此后，由于遭受台风影响，农户 A 家种植的农作物遭受了损失，于是农户 A 便向安信农保公司申请赔偿，而保险公司很快也通过数字人民币钱包的形式将赔款转到了农户 A 的数字钱包。不仅如此，农户 A 在收到赔款后，用这笔数字人民币到经常合作的苏州为农种子有限公司购置了农业物资，还享受了数字人民币的消费满减优惠。

二、冯梦龙村：用数字人民币发放股金

位于苏州相城区的冯梦龙村是全国第一个数字人民币试点示范村。自 2014 年以来，冯梦龙村每年都会给全村村民发放股金。2021 年，冯梦龙村首次用数字人民币给村民发放股金，成为全国第一个用数字人民币给村民发放股金的村子。以往发放股金，要么是使用现金支付、转账支票，要么是直接打款到村民的银行账户，工作流程烦琐、耗时，经常需要去银行办业务，这对于村里一些上了年纪的老人来说也不太方便。但自从使用数字人民币发放股金之后，一切都变得十分简单，村民们通过手机就能够直接领到钱。村里的老人们也不需要会用智能手机，只需随身携带一张小巧轻薄的"尊老卡"，用"碰一碰"的方式就可以实现收款、支付，甚至还能使用紧急呼叫等功能。如今，村

里尝到了数字人民币支付带来的甜头，还将部分老人的尊老金①也以数字人民币的形式发放。

三、邛崃市：数字人民币在城乡融合中发挥作用

成都邛崃市作为国家城乡融合发展试验区试点城市之一，以乡村振兴战略为契机，聚焦乡村新消费、新场景、新业态，打造了数字人民币城乡融合先行先试示范区。其一，构建数字人民币应用生态圈。邛崃市5家试点银行开通数字人民币消费支付场景。围绕建设数字人民币城乡融合先行先试示范区，从组织、宣传等方面全面发力，开通覆盖餐饮服务、生活消费、医疗卫生等的场景，构建数字人民币应用生态圈。其二，打造全国首个数字人民币城乡融合先行先试示范区。依托各镇街重点打造特色旅游民宿、商超农资服务点、村（社区）卫生诊所、特色农产品销售、公共缴费五大数字人民币应用主题场景，覆盖餐饮服务、生活消费、医疗卫生等多个领域。其三，助力乡村振兴和国家城乡融合发展试验区建设。围绕临邛古城城市有机更新和特色街区打造，加大宣传推广力度，扩大大型商超以及特色餐饮零售等场景覆盖面，打造数字人民币应用场景示范街区。

---

① 尊老金一般发放给 80 岁及以上的老人。

第七章

数字人民币视野下不法行为的防治

数字人民币正处于试点推广阶段，许多不法分子见其有利可图，便利用新型假币以诈骗、洗钱、侵害个人隐私和信息安全等方式，巧借各类名目侵害他人合法权益，给违法犯罪等不法行为的预防与控制带来挑战。央行、金融机构与社会公众该怎么防止不法行为呢？这就需要结合数字人民币试点中的实例，总结各类不法行为的手段和特点，探讨相关的防治措施。

第一节   数字人民币推广后货币犯罪的防治

自从货币诞生以来，假币便如影随形。假币一直是令人头疼的问题，它不仅侵害了社会公众的财产安全，也会干扰各国央行的货币发行管理，甚至会破坏国内外货币秩序的稳定。因此，我国出台了《中华人民共和国中国人民银行法》和《中华人民共和国刑法》以规制这类不法行为。数字人民币出现后，规制这些不法行为的法律法规也将发生一些新变化。

一、货币犯罪及其特征

在我国，货币犯罪行为主要有四大类型，其犯罪对象几乎都涉及假币，因此需要结合其行为特征来判断其是否构成特定类型的货币犯罪。

我国有关货币犯罪的刑罚散布于《中华人民共和国刑法》第三章破坏社会主义市场经济秩序罪中，相关条文集中在第三节走私罪、第四节破坏金融管理秩序罪中。具体罪名及其行为特征如表7-1所示。

表 7-1　货币犯罪类型及行为特点①

行为类型	行为特征	具体罪名②	客观方面（需符合立案追诉标准）
持有型行为	持有假币	持有假币罪	假币在行为人的支配和控制之下③
创制型行为	制造或变造假币	伪造货币罪	仿照货币的形状、色彩、图案等特征，制造出外观上足以乱真的假货币④
		变造货币罪	对真币采用挖补、剪贴、揭层、拼凑、涂改等方法进行加工处理，改变货币的真实形状、图案、面值或张数，改变票面面额或增加票张数量⑤

①　本表中对货币犯罪行为类型的分类借鉴了王德政论文中的观点。参见：王德政的《现状与变革：法定数字货币视域下的货币犯罪》。

②　需要说明的是，根据我国最高人民法院和最高人民检察院的司法解释，货币犯罪包括以下罪名：伪造货币罪；变造货币罪；出售、购买、运输假币罪；金融工作人员购买假币、以假币换取货币罪；持有、使用假币罪；走私假币罪。因此，此表中的出售假币罪、购买假币罪、运输假币罪、持有假币罪、使用假币罪、金融工作人员购买假币罪、金融工作人员以假币换取货币罪仅在有上述单独行为时构成单独罪名。现实中往往是不法分子同时实施多个行为，一般都是复合罪名。涉及假币的转移型行为与利用型行为很容易重合。

③　2022年4月6日最高人民检察院、公安部《关于公安机关管辖的刑事案件立案追诉标准的规定（二）》第十七条规定了持有、使用假币罪的立案追诉标准。其一为总面额≥4 000元，币量≥400张、400枚；其二为总面额≥2 000元或币量≥200张、200枚，两年内被行政处罚再犯的；其三为兜底规定。

④　2022年4月6日最高人民检察院、公安部《关于公安机关管辖的刑事案件立案追诉标准的规定（二）》第十四条规定了持有、使用假币罪的立案追诉标准。其一为总面额≥2 000元，币量≥200张、200枚；其二为总面额≥1 000元或币量≥100张、100枚，两年内被行政处罚再犯的；其三为制造货币样本或为他人伪造货币提供版样的；其四为兜底规定。

⑤　2022年4月6日最高人民检察院、公安部《关于公安机关管辖的刑事案件立案追诉标准的规定（二）》第十八条规定了持有、使用假币罪的立案追诉标准。其一为总面额≥2 000元，币量≥200张、200枚；其二为总面额≥1 000元或币量≥100张、100枚，两年内被行政处罚再犯的；其三为兜底规定。

表7-1（续）

行为类型	行为特征	具体罪名	客观方面（需符合立案追诉标准）
转移型行为	转移假币的物理地点或占有状态	购买、运输假币罪	购买或运输伪造的货币①
		金融工作人员购买假币罪	银行等金融机构员工购买伪造的货币②
		走私假币罪	非法运输、携带或邮寄伪造的货币进出国（边）境③
利用型行为	使用、出售假币等	出售假币罪	以盈利为目的，以一定价格卖出伪造货币④
		使用假币罪	将假币用于流通，使用假币达到一定数额的⑤
		金融工作人员以假币换取货币罪	商业银行等金融机构员工利用职务上的便利，以伪造的货币换取货币的⑥

资料来源：分类参考王德政论文、作者制作。

---

① 2022年4月6日最高人民检察院、公安部《关于公安机关管辖的刑事案件立案追诉标准的规定（二）》第十五条规定了出售、购买、运输假币罪的立案追诉标准。其一为总面额≥4 000元，币量≥400张、400枚；其二为总面额≥3 000元或币量≥300张、300枚，两年内被行政处罚再犯的；其三为兜底规定。此外，现场、行为人住所地或其他藏匿地查获的假币应当被认定为假币的数额。

② 2022年4月6日最高人民检察院、公安部《关于公安机关管辖的刑事案件立案追诉标准的规定（二）》第十六条规定了金融工作人员购买假币罪、金融工作人员以假币换取货币罪的立案追诉标准，总面额≥2 000元，币量≥200张、200枚。

③ 2022年4月6日最高人民检察院、公安部《关于公安机关管辖的刑事案件立案追诉标准的规定（二）》第二条规定了走私假币罪的立案追诉标准。其一为总面额≥2 000元，币量≥200张、200枚；其二为总面额≥1 000元或币量≥100张、100枚，两年内被行政处罚再犯的。

④ 适用《关于公安机关管辖的刑事案件立案追诉标准的规定（二）》第十五条规定的出售、购买、运输假币罪的立案追诉标准。

⑤ 适用《关于公安机关管辖的刑事案件立案追诉标准的规定（二）》第十七条规定的持有、使用假币罪的立案追诉标准。

⑥ 适用《关于公安机关管辖的刑事案件立案追诉标准的规定（二）》第十五条规定的金融工作人员购买假币罪、金融工作人员以假币换取货币罪的立案追诉标准。

通过表 7-1 可知，货币犯罪主要有持有、创制、转移、利用四类行为，都以假币为犯罪对象。这里所说的假币既包括假的人民币与假的外国货币，也包括假现金、假硬币；既可以是伪造的，也可以是变造的各类货币。对于伪造假币的行为，不法分子可能会采取常见的复印、打印、描绘或油印等方式，也可能会以填补、拼凑等方式制作假硬币或采取铸造等方式。不法分子也会随着时代变迁而利用更加先进的技术制假贩假。对于出售、购买假币的行为，也就是我们通常所谓的"买卖假币"行为，在现实中常见的是低价买进假币后高价卖出，或者以其他财物换取假币，或者以假币抵债。运输假币的行为，则包括携带、托运、快递或邮寄等方式。持有假币的行为，一般指的是把假币藏在家里、在亲友家里或其他场所，甚至是某些密闭的隐匿空间等能够被行为人控制之所。有时行为人可能会随身携带假币或将其放在随身携带的行李等物品中。这类行为往往也与走私假币罪或者其他犯罪行为重合。使用假币的行为，既包括在日常生活中用于支付购物、还债、存款，也包括用于其他犯罪行为。《中华人民共和国刑法》及相关司法解释明确规定，假币犯罪一般都要达到一定的金额，一般按照行为人持有、转移、走私、携带假币的面值金额或数量计算。如果达不到上述金额或数量的，则不构成货币犯罪。这适用《中华人民共和国中国人民银行法》的规定，根据情节轻重处以拘留、罚款等行政处罚。①

---

① 《中华人民共和国中国人民银行法》第四十二条：伪造、变造人民币，出售伪造、变造的人民币，或者明知是伪造、变造的人民币而运输，构成犯罪的，依法追究刑事责任；尚不构成犯罪的，由公安机关处十五日以下拘留、一万元以下罚款。第四十三条：购买伪造、变造的人民币或者明知是伪造、变造的人民币而持有、使用，构成犯罪的，依法追究刑事责任；尚不构成犯罪的，由公安机关处十五日以下拘留、一万元以下罚款。

货币犯罪侵害的是国家货币发行管理制度，走私假币罪还会侵害海关管理制度。凡是达到刑事责任年龄，且具有刑事责任能力的自然人都可能成为货币犯罪的主体。这类不法分子主观上都存在故意作为的心理，明知是假币却仍做出不法行为。货币犯罪历来是我国相关部门防治的重点，具有隐蔽性、流动性、团伙性等特点，并日益呈现出专业化、复合化、跨区域等特点，一般在经济欠发达地区较为常见。随着移动支付在日常生活中的广泛应用，现金类的货币犯罪行为逐渐减少，货币犯罪呈现新特点。

二、数字人民币推广后货币犯罪的趋势

数字人民币以数字形式发行、流通和应用，使货币犯罪的认定面临挑战。数字人民币的底层技术是加密技术、数字技术，它难以被伪造或变造，也不存在磨损和折旧。因此，需要结合其特性，前瞻性地分析货币犯罪的新特点。

第一个新特点是，各类货币犯罪在客观方面不断发生变化。这些变化主要体现在四个方面：一是创制型货币犯罪的变化。不法分子可能会攻击数字人民币系统、破解算法、篡改相关加密数据，由此形成假的数字人民币，因而变造行为被伪造行为所涵盖。二是持有型和转移型货币犯罪的变化。不法分子可能用 U 盘、光盘等设备存储相关货币数据，突破了数据存储、传输的物理空间，即不可能以传统方式持有和运输假的数字人民币。而购买假数字人民币一般表现为购买其数据、APP 等形式，这时需要结合用户购买的目的进行入罪与出罪的判定。三是利用型货币犯罪的变化。数字人民币也会被当作商品一样被

用于交易，因而仍会存在出售与使用假数字人民币的情形。但是需要考虑其出售与使用的目的，如果假数字人民币没有被用于流通，一般不宜定为相关犯罪，但仍会有央行和金融机构进行处理，禁止个人对假数字人民币进行交易。如果用于流通，当然会构成相关犯罪，而且其使用的假数字人民币可能会成为诈骗、洗钱等犯罪行为的工具，这时就应当适用《中华人民共和国刑法》总则进行判断。四是金融工作人员购买假币罪、以假币换取货币罪的变化。当前几乎已不存在金融机构工作人员犯这两种罪的情形，因为任何用户都必须注册数字人民币 APP，所以他们几乎不可能有购买或换取数字人民币的行为。

第二个新特点是，各类货币犯罪的主体、主观方面与客体仍不会变化，但行为人的目的和行为可能会因数字人民币特性呈现新变化。

三、数字人民币推广后货币犯罪的防治

在数字人民币的试点与推广中，货币犯罪也需要各方主体协同防治。鉴于数字人民币具有较强的身份性，个人进行货币犯罪存在很多困难。但用户仍需增强防控意识，发现假数字人民币及其相关流动时，可以主动向中国人民银行、金融监管部门或公安机关举报相关线索。央行和负责数字人民币运营的各类金融机构则在适应数字人民币背景下货币犯罪的发展态势下，加强对数字人民币防伪技术的研发，运用数字化监测、分析技术，时刻关注与分析相关行为的线索与信息，与各部门联动、分享货币犯罪类信息。

第二节 利用数字人民币诈骗、洗钱的防治

利用数字人民币进行诈骗、洗钱的案件也屡见不鲜。目前，已有很多消费者上当受骗，遭受了不少财产损失。

一、利用数字人民币诈骗及其特点

当前常见的不法行为是利用数字人民币进行诈骗。诈骗犯罪的行为特征在于故意不告知相关真实信息或虚构、假冒信息，侵害他人的信息安全与财产安全，以此谋取不法利益。不法分子利用数字人民币进行诈骗，主要采取非接触式、远程式的诈骗方式，编造虚假信息、虚构事实，诱骗被害人在线上、线下打款或转账。目前，利用数字人民币进行的诈骗行为主要有以下表现：

一是以假身份行骗。不法分子常常冒充公司法机关、税务工作人员或医护人员，谎称当事人涉及刑事案件、公务调查等，恐吓其转账打款。如2022年9月6日，某犯罪分子冒充"广州市社保总局稽查科人员"，让吴某"配合调查"社保卡报销款项一事。在不法分子指示下，吴某下载了数字人民币APP、绑定了银行卡、告知验证码，结果被骗1.5万元。

二是以假活动行骗。现实中常见的有假推广活动、假福利发放活动等。如曾有诈骗分子组织假的数字人民币推广活动，将受害人拉入

所谓的数字人民币推广活动微信群，以发布假福利链接的方式诈骗其填写银行卡信息、取款密码等，并最终骗取资金。

三是以假投资理财行骗。这类犯罪往往利用人们的猎奇心理，虚构所谓的数字人民币领域高回报投资项目，骗取资金后"跑路"。这些行为的本质，无非打着数字人民币这个人们尚不了解的新事物的幌子，施"庞氏骗局"之实。

四是以假信息、假链接或假 APP 行骗。这往往是由不法分子设置钓鱼网站或假 APP，或发送假短信或微信消息，诱骗受害人充值、转账或缴款。如某钓鱼网站界面显示，要求用户卡内余额达到一万元才能体验数字人民币，这就是诱使用户输入银行卡相关信息后骗取其钱财。再如有犯罪分子诱使多人下载假的数字人民币 APP 以牟利。

二、利用数字人民币洗钱及其特点

洗钱是特定违法犯罪所得及其收益，以各种手段掩饰、隐瞒来源或性质，使其在形式上合法化。数字人民币的推出，有利于更好地监测货币资金流向，有助于央行和金融机构提升反洗钱的效率。然而，很多不法分子也会利用数字人民币洗钱。2021 年 9 月，屈某被林某以补偿网购损失为由所骗，按照对方"验证身份"的提示，向对方转账 20 多万元，被林某以数字人民币钱包隐匿了林某及其境外诈骗团伙骗取的资金。这类洗钱行为呈现出新特点，如帮人办卡转账的李某发展下线四人来组成分工明确的"跑分"团伙，按照上家指示在北京市多处的日租房内进行转账，指导上家安排或自行联络的"卡农"① 开通手机银行和数字人民币功能。一旦电信诈骗被害人的钱款转入"卡农"账户，李某等便以数字人民币钱包或银行卡的方式转移赃款。案发后，李某等团伙被判以掩饰、隐瞒违法所得罪。

三、利用数字人民币诈骗与洗钱的防治

（一）利用数字人民币诈骗的防治

利用数字人民币诈骗的不法行为大都属于电信诈骗。这类诈骗行为在违法犯罪对象、行为模式等方面呈现"人员流""信息流"与"资金流"并存的特点。"人员流"是利用数字人民币诈骗的核心环节，包括实施诈骗的人员、转账洗钱窝点人员与取款人员，一般采取团伙作案模式，成员之间有明确的分工。"信息流"即主要通过电话、短信或网络传递更多信息。"资金流"则是以银行转账、汇款、数字人民币钱包等渠道，使受害人通过这些渠道将资金转移给不法分子。因此，一般需要从"人员流""信息流"与"资金流"入手。消费者应增强诈骗防范与识别的意识，不轻易与别人分享自己的银行账户、密码等信息，核实各类冒充的公职人员与所谓的涉嫌事实。很多案例的受害人往往很快在事后发觉自己被骗，上当受骗的主要原因就在于疏于防范与核实。诈骗、洗钱案件侦办人员可以通过"信息流"和"资金流"寻找蛛丝马迹，通过各类不法分子的资金流动、通讯信息

---

① "卡农"：是这类洗钱案件中的一类受害人。他们在犯罪嫌疑人的哄骗下办理了银行卡，并开通了手机银行和数字人民币钱包。他们的数字人民币钱包或银行卡成为犯罪嫌疑人转移资金的工具。

流动对其进行监测与防控，如监测不法分子的账户异动情形、资金流入流出的情况。

（二）利用数字人民币洗钱的防治

对于利用数字人民币洗钱的这类不法行为，除了消费者要加强防范意识，侦查机关还需要加强对上游犯罪①资金流动的监测，判断受害人及其资金是否被不法分子及其团伙利用，核查涉案资金转移的账户、票证、数字人民币钱包等信息。金融机构可利用可疑交易审查来监控涉嫌洗钱资金的流向，或者利用数字人民币的可追溯性进行判断，及时向公安机关、司法机关分享相关信息。税务部门则通过个人税务申报、登记进行监测，判断和识别交易人员的身份信息。

第三节　　数字人民币中个人数据的
利用与保护

数字人民币以数字形式发行与流通，离不开手机及应用程序（APP）。用户在下载开通数字人民币钱包时，需要进行身份验证、密码设置等操作。数字人民币的字符串也会包含个人数据等数据。虽有加密技术保护，一般不存在风险，但在数字人民币流通、使用的过程中仍存在可能被篡改、丢失或窃取的风险。不少居民也担心我国央行、

---

① 根据《中华人民共和国刑法》，洗钱犯罪的上游犯罪包括：毒品犯罪、黑社会性质的组织犯、贪污贿赂犯罪、恐怖活动犯罪、走私犯罪、破坏金融管理秩序犯罪、金融诈骗犯罪。

商业银行会借助数字人民币监测个人资金流向或数据。此外，很多新型的诈骗、洗钱等非法活动利用数字人民币的新特点，使用户疏于防范，上当受骗，不慎泄露个人信息，遭受财产损失。这些凸显了在数字人民币的发行流通中面临如何处理与保护个人数据的难题。

一、数字人民币中个人数据的利用与保护

实物人民币以匿名、点对点的方式流通与应用，央行、商业银行与支付机构仅能获得有限的个人交易信息。新兴技术使数字人民币承载了很多个人信息，央行、商业银行可能会获得这类信息。然而，个人却无法了解自身货币交易信息的存储与处理，也不明确这类信息是否会被删除。国内外存在三种不同的信息保护模式。其中，美国的交易自由模式适用《统一商法典》支付结算规定、判例法规则，调和交易自由与信息保护的矛盾。欧盟将个人信息提升到基本人权高度，对个人数据实行严格保护。我国十分注重统筹国家安全与创新发展，在社会控制模式下探讨个人信息的合理利用与全面保护。

数字人民币加密技术、分布式记账等技术重塑了支付业务，为消费者提供了更多的支付便利。数字人民币在发行、流通、存储与应用的各个环节均涉及个人数据，这些数据承载着央行信息、银行信息、用户交易信息与身份信息等。按照《中华人民共和国民法典》及相关法律法规规定，央行、商业银行和支付机构可以获取个人财务信息、交易信息，甚至部分敏感信息。《中华人民共和国民法典》禁止任何机构与个人非法收集、使用、加工、传输个人信息，也不得非法买卖、提供或公开个人信息。在居民注册数字人民币 APP 或使用数字人民币

钱包时，各商业银行、支付机构都会明确以书面形式告知《APP 个人信息保护政策》①。商业银行或支付机构也会明确告知其收集、使用、加工与传输的信息及其范围，向用户说明其信息利用与保护的规则。这些机构只有在进行反洗钱、反恐怖融资与可疑交易核查时，才可以依法监测与调查个人信息。然而，由于数字人民币是在网络中流通的，用户在办理支付等业务时，部分信息存储、留存在数字人民币"钱包"、业务平台或 APP 等媒介中，存在泄露个人信息的潜在可能性。按照金融行业个人信息保护的技术规范，符合资质的商业银行、支付机构可以采集特定的个人金融信息，还要确保数据来源的可追溯性，要求用户查阅隐私政策、明示同意授权金融机构采集信息。倘若用户通过 APP 办理金融业务，相关机构还需同时遵循收集个人信息的基本要求。尽管央行等机构运用各项安全技术可以保障个人数据安全，但也存在网络攻击、支付清算系统或程序被控制等风险。

二、数字人民币中的个人数据安全策略

数字人民币中个人数据的保护，需要用户、金融机构等主体协同努力，实现数字货币时代个人信息利用与隐私保护的平衡。

（一）用户如何保护个人数据

首先，用户要知晓个人信息与隐私的范围、采集流程与保护措施，

---

① 目前的数字人民币 APP 的《APP 个人信息保护政策》的生效日期为 2022 年 1 月 4 日。

并及时关注各政府部门发布的有关数字人民币的信息，审慎办理各项金融业务，关注和明确各项金融业务所要求的个人数据采集、利用与保护政策。

其次，用户还需要了解数字人民币的属性与使用现状，掌握识别各类APP的必备技巧，增强风险防范意识。我国目前并未正式发行数字人民币，数字人民币仍处于试点阶段，只能在部分试点地区被广泛地使用。因此，除了央行、商业银行、地方政府官网发布的相关活动信息、用户中签信息外，相关机构不会通过微信或电话通知用户注册数字人民币。数字人民币APP也只能在苹果、华为等正规品牌的应用商店中下载，其他来源的"数字人民币APP"都是假的，因此用户有必要在注册阶段识别各类虚假信息、虚假网络链接或平台信息。用户只能在数字人民币APP和各商业银行APP中才能使用数字人民币的相关功能，微信、支付宝及商业银行APP本身无法直接使用数字人民币，但可以通过其跳转到数字人民币APP。

最后，已注册用户也要规范地使用数字人民币。数字人民币是数字化的人民币，只会替代部分流通中的现金，不具备收藏和炒作价值。除了部分试点银行采取的营销策略外，其他任何推广返利、返现或缴纳保证金的行为都是违法的。用户在使用数字人民币时，要注意保护个人数据，不要轻易泄露任何个人信息，断然拒绝任何索要数字人民币验证密码、交易密码的要求。

（二）央行和金融机构如何保护个人数据

央行和金融机构不仅要积极推进数字人民币试点工作，而且要制定数字人民币试点建设、基础设施建设等标准，从软硬件方面营造保障数字人民币安全使用的环境。央行和金融机构及其全体人员都应当贯彻反洗钱、反假币与反恐怖融资制度，掌握数字人民币试点与推广中的数字技术、安全技术，提升数字技术与安全技术，增强对可疑数字人民币交易的监测、防控、化解与处置的能力；具体业务经办人员还应明确数字人民币及其个人信息保护制度，明确通用信息、敏感信息的采集、加工、留存或删除等规则。监管机构在进行可疑交易、洗钱犯罪与诈骗犯罪核查、侦办时，应当遵守法律程序的要求，取得用户的明确同意，提取与分析相关的个人数据，对相关信息进行脱敏处理，强化对数字人民币相关商业秘密和个人隐私的保护。央行和金融机构还应通过监管、合规等技术创新，不断提升数字人民币及个人数据安全的保护水平。

第八章

数字人民币的生态图景

数字人民币将丰富数字金融等新兴业态，也将进一步推动人民币国际化进程，形成新的金融生态格局。数字人民币之路前景虽美好，一路上却也未必一帆风顺。

第一节　数字人民币的未来

作为一项全新的时代产物，数字人民币自诞生之初就被寄予厚望。它的到来，除了要为普通公众开创一个更高效、便捷、安全的"美丽新世界"外，还为推动国家乃至于全球的支付生态革命。

一、数字时代的新图景

（一）优化法定货币的性能

数字人民币必将成为我国未来重要的金融基础设施，但其发展并不是一蹴而就的。按照中国人民银行的设计，现阶段的数字人民币将替代部分现金，提高货币发行与流通效率。它根据央行算法规则被创设，理论上可被循环使用，依托于电子政务、电子商务及支付清算网络运行，使法定货币的发行和流通转变为数据流和信息流，这不仅将减少传统纸币、硬币的制造、调运、存取、鉴别、清分、回笼、销毁、防伪等发行与流通成本，还将提升法定货币的清算、支付等流通效率。它通过中国人民银行的设定算法发行与流通，以高度安全的验证技术、加密技术与信息保护运营技术，减少货币造假等违法犯罪行为，极大地提升法定货币的安全性。展望未来，数字人民币必将成为我国普遍适用的法定货币形态。

（二）弱化私人数字货币冲击

数字人民币是"中心化管控、技术架构分布式"的法定货币，具有"四可、四不可"① 的特点，有国家信用的担保和安全保障体系的支持，其将极大地减少个人隐私泄露或违法犯罪风险。数字人民币将缓解私人数字货币对货币监管、金融秩序的冲击，遏制金融市场主体对数字货币的投机交易。

（三）改善货币调控与监管

数字人民币可优化央行的货币调控方式，提升其货币监管效率。比特币、Diem 等私人数字货币具有较强的"去中心化"特点，容易成为违法犯罪的工具，增加反假货币、反洗钱及反恐融资的监测和防控难度。各类数字化融资服务游离于正规金融体系之外，容易弱化央行货币调控、经济监测等职能。数字人民币将促使央行运用大数据分析

---

① "四可"，即：可流通、可存储、可线下交易、匿名性可控；"四不可"，即：不可重复性、不可伪造性、不可重复交易性、不可抵赖性。

技术，这既能增强央行对发行和流通数据的分析和监测能力，又能优化货币政策传导机制，更好地发挥货币政策的作用。

（四）促进普惠金融包容性

开立第三类、第四类数字人民币钱包甚至不要求个人拥有银行账户，这将为老百姓提供几乎无门槛的金融服务。数字人民币将在社会中发挥重要作用，进一步提升金融帮扶政策的精准度，提高和增强财政转移支付的效率与效力。

二、数字人民币的生态格局

数字人民币将实现从政府（G 端）和个体消费者（C 端）的联通，引发支付生态格局发生演变。如何治理未来的支付生态格局，是对社会各界的一大考验。

（一）场景：C 端到 G 端的联通

数字人民币在微观领域的多场景应用，将打破对公和对私场景的藩篱，促使支付行业发生巨大变革。首先，几近饱和的 C 端市场将实现转型升级。银行业与第三方支付机构仍将维持各自的客户群体和业务，展开便捷性、可靠性、成本等方面的竞争。商业银行将脱离传统账户束缚，以数字钱包 APP 服务提供近场支付、双离线支付等特色服务；第三方支付将新增央行数字钱包支付功能，开拓创新个性化服务。其次，B 端将由支付机构、第三方支付平台主导，提供企业间的支付、资金结算、财务管理等业务及其增值服务，企业能开办数字化账户和构建资金管理体系。再次，G 端有助于政府更好地履行给付行政职能，为未来支付行业提供发展的新方向。在新冠病毒感染疫情暴发后，由于社交隔离等措施的实施，国内外已开始探索社会福利的非现金发放方式。如美国探索"数字美元"账户向个人和企业发放补贴。我国多地政府通过云闪付、支付宝、微信等平台发放消费券；深圳已发放了数字人民币红包。数字人民币将优化补贴发放形式、丰富补贴品种，也可监测财政扶持政策执行情况，提升财政监测、扶贫、补贴及转移支付的精准度。最后，跨境支付场景的应用将降低跨境支付结算成本，提升其安全性和竞争力。G 端和跨境支付的应用，将促使政府实现数字化转型，优化数字经济中政府与市场主体的关系。

（二）趋势：全方位的改革与进步

数字技术驱动人民币发生形态之变，促使支付行业转型，将对支付生态系统各子系统产生渐进式影响。在数字人民币试点工作中，中国人民银行等主体依循共享、共治的技术进路，共同推进理论、技术的研发与试验，初步形成新型支付生态系统。

1. 支付生态主体

中国人民银行负责发行数字人民币，对数字人民币的试点及应用推广进行顶层设计，维护数字人民币的安全与稳定，指定符合条件的商业银行及其他机构参与研发与试点，指定数字货币研究所与相关机构参与数字人民币的设计与研发。中国人民银行指定的商业银行开发各类"数字钱包"，向社会公众兑换数字人民币，对接各类线上服务平台。各国有银行、微众银行、网商银行已开发出各具特点的数字钱包，在各试点地区、场景中推广。各行业有影响力、有创新能力的企业，分别开拓数字人民币在电子商务、金融科技、餐饮等场景的应用，如京东集团、美团、顺丰速运，等等。各试点地区的社会公众已逐渐体验到日常消费、生活缴费、校园支付等数字支付服务。

2. 支付生态环境

数字人民币也助推了试点地区支付生态环境的优化。当前数字人民币试点工作主要在经济发达、科技进步、信用环境良好的地区展开，这些地区客户群体庞大、公众认知水平高、非现金支付使用意愿活跃，商业银行、支付机构及企业具备很强的创新能力。数字人民币促使试点地区推进支付机具升级改造，谋划数字经济发展，制定地方性法规及相关制度，为未来数字人民币的流通奠定基础。城银清算服务公司、农信银支付清算系统亦逐步参与试点，未来将分别对接城市与农村金融机构。北京冬奥会及相关场所将是数字人民币大规模应用的综合场景。深圳、海南等地已完成跨境小额支付、跨境电商支付等测试，亦将逐步完善跨境支付格局。

3. 支付生态新格局

中国人民银行秉持技术中立理念，主导数字人民币试点，调控与监管数字人民币研发与推广，负责发行数字人民币，但不参与数字人民币运营。数字人民币具备多重支付功能和安全性能，有望打破第三方支付对零售支付市场的垄断。2020 年，微信与支付宝占据我国零售支付市场份额的 94%，形成双寡头垄断格局和科技巨头的 DNA 生态①，带来平台垄断、场景割据及内卷等负面效应。数字人民币的引入，实现了科技巨头的支付数据与其他场景数据的互联互通，不仅可

---

① DNA：是 Data analytics, Network externalities and interwoven Activities 的简称，主要指科技巨头利用自身的技术优势和市场优势，可以开展利用支付、社交等数据开展数据分析、网络外部性和相互交织的活动。DNA 既是科技巨头的研发与创新的优势，又是金融风险来源之一。数字人民币的推广亦将形成 DNA 生态，构成数字人民币数据产业链。善用 DNA 可以防范金融风险，使其发挥产业化发展规模效应。

以打破零售支付的垄断，而且有利于央行实施必要的金融监管。商业银行、第三方支付机构共同主导支付市场，第三方支付机构则主导流通市场，共同构建数字人民币的 DNA 生态环境。数字人民币的正常运营离不开软硬件设施、信息通信技术等支撑，也需开发数字钱包、加载数字人民币功能等建设。银行 IT、清算、支付、软硬件设施等行业企业，也共同参与数字人民币各类设施与服务的开发，将形成"发行流通+交易场景+技术创新+设备改造"的产业链条。数字人民币生态格局坚持长期演进、持续迭代、动态升级的路径，市场需求、技术迭代是支付生态演化的主要驱动力，中国人民银行与商业银行、各市场机构间形成良性互动关系。

第二节　金融生态演化中的革命与挑战

数字人民币将优化金融生态，促使支付行业及其生态格局发生演化，进而促使整个金融生态环境产生变化，最终促成金融业数字化革命性转型的结果。这给商业银行、支付机构的职能转变带来深远影响。

一、发行与流通生态的革命

数字人民币虽以新兴技术改变了传统货币之"形"，却未改变其信用货币之"实"。虽然数字人民币极大地提升了法定货币的安全性与效率，但是其在发行与流通中仍将面临许多挑战。

（一）流通载体职能的变化

法定数字货币在小额、高频交易中实现了数字化流通，优化了货币的支付作用。央行节点发送发行货币指令、创设货币，商业银行节点以公钥、私钥等确认信息转移和供给货币。货币存储在央行或商业银行提供的"数字钱包"或账户中，通过商业银行的信用创造流通到各领域。目前商业银行是数字化现金的主要流通载体，未来将彻底打通资金流通的梗阻，优化小额资金、金融市场内外的资金流通。

（二）中介职能的变化

商业银行是吸储放贷的信用中介，又充当支付结算、汇兑的支付中介。法定数字货币采用分布式记账等技术，更好地解决资金供需不匹配、信息不对称、安全性低与效率低下等问题。在小额资金交易中，使用"加密算法+公共验证"组合，社会公众或市场参与者的数字钱包或账户成为公有链节点，受该主体自由支配出入数字货币网络交易。还可适用"加密算法+区块链+私有验证"组合，由央行记录资金交易数据，特定主体的电子钱包或账户成为私有链节点，经过授权读取相关交易数据。此时商业银行突破了原有清算系统的限制，可以与社会公众共享账本，有利于提升清算效率、增强支付体系的透明度。数字人民币具有可追踪性和可控匿名性，央行、商业银行掌握着所有货币的流通信息；交易双方之间是匿名的，仅凭私钥无法获取对方的信息，特定主体可通过授权或申请获取货币信息。这样既提升了央行监管效率，又保护了个人隐私，保障了交易安全。

二、支付和运营生态的革命

无论在技术设计层面拥有多大的优越性，作为仍处在初级试点阶段的全新数字化产物，数字人民币在投入市场流通后，必将经历一段较长的"阵痛期"，以更好地与市场生态磨合。

（一）传统支付生态的打破与重构

数字人民币支付即结算的属性打破了传统电子支付的"四方模式"（见图 8-1），也就是在收单机构、受理服务机构、商户以及商业银行四者之间，最终只保留了消费者与商家。

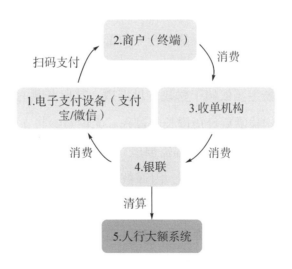

图 8-1　传统电子支付"四方模式"示意图

在如今以支付宝、微信作为常见支付工具的消费时代，支付软件运营商与商户之间的交易链接被银行系统打断，其背后由银联系统通过中国人民银行大额实时支付系统进行资金清算。而数字人民币的使用则将直接改变这一相对较为稳健的支付模式，使得日常支付的参与主体角色发生了重大调整。因此，后续如何重新协调、处理好收单机构、受理服务机构、商户以及银行间的关系，以及如何尽快配套必要的监管制度，比如提前设计和制定商户合规管理、建立反洗钱机制和数据安全防范机制等配套措施等，将是未来数字人民币市场管理面临的首要挑战。

（二）对公业务生态的建立和困境

在目前的业务试点中，多地已经开始尝试构建数字人民币的对公业务体系，如数字人民币对公钱包、对公结算服务等。然而不可否认的是，与市场零售支付业务不同，数字人民币在对公业务领域，将遭遇业务、技术、应用等多个层面的全新挑战。其一，对公业务场景涉及的行业领域非常广泛，而这些行业内部的规则限制也各不相同。在面对各种对公市场主体时，数字人民币的规则与知识普及尤为重要。其二，对公市场主要依赖于财政支付渠道，其服务具有公共属性，因而支付信心的构建需要经历漫长的过程。无论是参与支付的业务种类、资源分布还是财务规划等，都需要经过精心设计和充分论证。其三，对公业务不是"一锤子买卖"，因而数字人民币在对公业务领域的场景搭建需要监管制度、技术保障等多个层面的配合才能够落地实施。其四，数字人民币 M0 的货币属性使其不具备生息的能力，可能会打击企业使用的积极性，在作为对公业务支付手段的推广上可能会遭遇一些阻力。

（三）私人数字货币对支付系统的潜在威胁

Diem 项目宣称以提供开放的普惠性支付服务为宗旨，这种私人数字货币若成功发行，将会影响各国支付结算体系的正常运行。不仅可能会强化美元在国际货币体系中的核心地位，不利于我国人民币国际化；而且可能会促使金融活动去中介化，诱发诈骗、传销或非法集资等违法犯罪活动，进一步弱化我国数字货币监管的效果。因此我国须密切关注和监测私人项目进展及其对境内外金融市场的影响。此外，我国虽禁止了数字货币交易，但其境外交易和地下交易仍十分活跃，仍须密切监测比特币等数字货币的价格波动和市场影响。

三、金融安全生态的革命

数字人民币采取了密码加密、安全芯片等技术，通过对个人数据的取舍增强货币的安全性，能够为广大居民提供更加安全的金融服务。然而，数字技术与人民币相结合也存在不少安全风险不容忽视。

（一）金融隐私的安全与保护

自从"棱镜门"事件以来，个人信息泄露、隐私被侵害的案件频发。个人数据与金融隐私的安全日益引发广大居民的关注和担忧。数字人民币虽具有极高的安全性，却也存在许多潜在的新兴风险，即它具备可追踪性，能够识别个人数据。这一特性使广大公民非常担心自己的个人数据被泄漏，担心央行及商业银行等机构会随意、随时监测自己的个人信息与隐私。因此我们有必要解释数字人民币如何实现数据与信息的取舍。

数字人民币的应用将促使金融业务的数字化转型，必将在发行与流通中生产和沉淀大量个人数据。以小额零售支付为例，其交易数据具有"数据驱动"和数据密集的特性。央行及商业银行和支付机构能追踪和掌握个人财务信息交易信息，甚至部分敏感信息。居民在办理支付业务时，部分信息留存在数字钱包业务平台或 APP 等载体中，这极易泄露交易数据和金融隐私。数字人民币借助分布式账本技术，使其交易的处理和记录具有不可篡改性，虽然提升了数据安全性和系统稳定性，却影响了数据的隐私性。非许可型分布式账本透明度较强，任何配备相应程序软件和网络的人都会接触到这类信息，容易成为第三方恶意攻击的目标；许可型分布式账本的参与者较多时，也容易成为恶意攻击的目标。在数字人民币的跨境支付中，跨境交易数据的安全问题尤为突出，需协调不同司法管辖区的数据交易规则与隐私保护政策。此外，门头沟 Mt.Gox 失窃事件中以太坊 DAO 被攻击事件触目惊心，暴露出区块链技术在运用中的潜在风险，引发了业界和社会公众对个人隐私与系统安全的担忧。

（二）数字人民币的案件风险及其防范

如果货币管理中遭遇监守自盗、货币或发行基金被抢劫等情形，就会产生案件风险。这类风险可被分为金融机构内部案件风险与外部案件风险，常见的有盗窃、抢劫、假币等违法犯罪案件。

如前文所述，数字人民币使货币犯罪呈现新特点。它同样也会使抢劫、盗窃类犯罪出现新变化。对于金融机构外部人员盗窃数字人民币的犯罪，主要是着手、既遂的认定发生变化。

关于盗窃数字人民币着手的认定，要看所盗窃的是硬钱包，还是软钱包。盗窃硬钱包中数字人民币的，可以结合盗窃类型与硬钱包类型进行分析。扒窃 IC 卡、异形卡等硬钱包时，以下情形均可被认定为盗窃罪的着手。其一，不法分子的手接触到这类硬钱包或装有硬钱包的口袋或提包等时，就可以被认定为盗窃罪的着手。其二，倘若这类硬钱包被穿戴在受害人身上，行为人以割断吊绳等方式使硬钱包脱离受害人控制的。其三，如果行为人将受害人的硬钱包与能够读取数字人民币的收款设备"贴一贴""碰一碰"的，行为人开始靠近硬钱包的。对于盗窃软钱包中数字人民币的，数字人民币钱包 APP 程序已启动、处于可用状态时，就可以被认定为盗窃罪的着手。

至于盗窃数字人民币犯罪既遂的认定，依然要分盗窃硬钱包与软钱包来分析。盗窃硬钱包中数字人民币的，行为人控制了硬钱包的，或者以能够读取数字人民币的取款设备与受害人硬钱包"碰一碰""贴一贴"的，都应当被认定为盗窃罪的既遂。盗窃软钱包中数字人民币的，行为人已启动了数字人民币钱包，其中的数额已出现了增减变动。此时，应当被认定为盗窃罪的既遂。

金融机构内部人员可能会利用职务之便，侵入数字人民币系统进行盗窃，一般不宜认定为盗窃罪。如果他利用黑客技术进入数字人民币后台服务系统进行盗窃，这种盗窃罪着手、既遂的认定不存在难度。但也可能会构成非法侵入计算机信息罪。

至于抢劫数字人民币的犯罪，可能会因不法分子利用数字技术出现一些变化。在一般情况下，仍然适用抢劫罪的构成要件进行认定。至于不法分子利用数字人民币推广之名开展传销的，或者编造谎言使受害人下载病毒软件，从而盗取资金的，则会构成诈骗罪。

现金案件具有涉案金额大、性质较为恶劣等特征，往往对社会造成较大的不良影响。案件的发生容易使社会公众觉得涉案银行不可靠，公众会担心自己存在银行里的存款会不翼而飞，也会对银行的其他服务产生疑虑，这很可能会使银行声誉受损。中国人民银行与商业银行分支机构为防控现金案件风险，耗费了大量的人力、物力，虽取得了一定成效，但却存在防控成本日益增多的问题。

数字人民币能否改变这种状况呢？当然可以，但可能产生新的潜在风险。数字人民币兼具加密货币与算法货币的特点，可以较好地防控实物人民币货币管理中的案件风险。

一来，数字人民币在发行、流通中都呈现加密数字串的形式，不对指定银行收取任何费用，减少了运输和管理费用。中国人民银行以"防火墙"机制对数字人民币设置相关限制，禁止中国人民银行或银行职员随意查询或使用相关信息。数字人民币综合运用数字签名、安全存储等技术，具备不可非法复制伪造、可追踪等特性，使任何金融机构职员无法隐匿其使用踪迹。可以说，数字人民币的运营和使用都得到了多重安全保障，足以使每位使用者的信息安全得到保障。

二来，数字人民币根据预设的算法运营，在系统设计中考虑了大数据顶层设计及其基础设施，可以提取从发行、流通到交换、贮藏、回收的关键数据，形成其运行分布轨迹。这些技术足以使案件防控从"人防""技防"向"智防"转型，有效地规避了货币案件风险。

当然，不容忽视的是，任何新兴技术都犹如一把"双刃剑"。这把剑是成为可用之利器，还是成为伤人之利刃，完全取决于握剑之人。凡是人制定的制度或措施，人都可以利用它、遵守它或违反它。一旦管理、隔离、授权、制衡及监督等机制被人为破坏，那么新兴技术还是会沦为滋生案件风险的温床。比如，一些不法分子就在数字人民币试点活动上大做文章，利用"数字人民币"行骗。一些城市也出现了不法分子到处招摇撞骗的行为，他们以钓鱼软件、钓鱼网站或虚构投资，让老年人等群体转账，以骗取人们的真实钱财。未来可能会出现利用新兴技术造假数字人民币的情形。此外，新兴技术本身具有不确定性，蕴含着一定的潜在风险。风光一时的交易所巨头门头沟（Mt. GOX）因失窃丑闻轰然倒闭，其 CEO 马克卡·佩莱斯（Mark Karpelè）深陷犯罪指控的漩涡，那被洗劫的 85 万枚比特币至今下落成谜。私人数字货币频频发生类似案件，我们大可不必为数字人民币是否会有如此遭遇而杞人忧天。但尽管如此，我国仍需未雨绸缪，针对数字人民币的特征，前瞻性地规划风险防控体系的数字化转型。

四、监管职能的变革与挑战

随着对加密技术、区块链技术等新兴技术的运用，央行将增强监管能力和市场竞争力，但也产生了干预过度、技术滞后、方式落后等问题。

（一）监管理念的权衡成为考验

数字人民币的支付点多、面广，也涉及操作、网络安全等诸多风险。央行的监管既要促进金融创新、维护市场公平竞争，又要防控风险、维护支付功能。首先，央行需要有互联互通思维和大数据思维，坚持前瞻性成本和收益分析理念。其次，央行的监管方式和能力亟待优化和提高。央行应当具备大数据监管、穿透监管、精准监管的能力，但现行监管系统相对滞后，不能有效监管相关业务。央行与其他监管机构尚未形成监管科技共识，难以有效提升监管效率。专业运营维护人员需要加强学习专业知识、提高专业技能，否则可能会影响支付系统的稳健运行。再次，央行存在多重角色冲突。央行既是"发行人"，也是"裁判",需妥善协调不同角色,以制度与政策协调多重职能的冲突。最后,多重风险的监管与防控。数字人民币支付可能面临战略风险、政策风险、运营风险,以及法律风险、制度文化治理和决策风险。农村地区、经济欠发达地区缺乏软硬件设施和操作环境,也会影响社会公众对数字人民币的接受使用和信任。

(二)银行业共同的职责与义务

央行是数字人民币体系的中枢神经,发挥构建和维护数字人民币系统和监管市场主体的作用,既是"银行的银行",也是"最后贷款人",在必要时为商业银行支付机构提供流动性支持。在数字人民币的试点与推广应用中,央行是数字支付系统的运营者、促成者和监管者。央行作为运营者,提供和运营数字货币基础设施,维护货币发行流通和支付系统的安全和稳健运行。央行作为促成者,利用新兴技术改善支付系统,提升支付系统的效率、安全性和稳健性,实现数字人民币与其他支付的交互操作,提高新兴支付方式的包容性和便利性。央行作为监管者,除了要在软件设计以及硬件支持方面提供强有力的内部自查机制,及时发现风险漏洞,更要构建一整套行之有效的监管制度体系,对参与数字人民币投放、运营、使用等各个环节的主体进行分类监管,以确保数字人民币投入流通市场后的安全与稳健。

央行与商业银行间存在监管关系,涉及数字人民币发行与流通管理,以及反假货币和反洗钱管理。商业银行根据央行的授权,履行货币违法犯罪监管的职责。在数字人民币的发行和流通中,央行与其他主体都将成为某类区块链的节点,共同参与区块链治理和监管,以原生货币及其衍生资金为客体,形成权力与权利的博弈,使支付监管关系呈现复杂性。

央行依法设计数字货币算法规则发行和流通制度，应当向社会公众供给无缺陷和无瑕疵货币，维护发行和流通系统等新型金融基础设施，也承担保持币值稳定、安全管理、金融监管等职责。在数字人民币支付中，商业银行有权审核数字支付结算，可以设立和监管"数字钱包"，享有数字账户设立权和监管权、数字化存款使用权、数字化存款保全权等权利，负有保管、保障账户安全和代理等义务，承担反假货币、反洗钱、反恐怖主义融资等义务。

五、法定数字货币的国际竞争变革

各国央行已开始积极研发和试验法定数字货币。美联储的项目白皮书提出了创建数字美元的政策框架。日本银行宣布将尝试发行法定数字货币，探讨国际合作。瑞典央行正在积极推进替代现金的 e-krona 试验。立陶宛央行发行了 LBcoin 纪念币。此外，乌干达、厄瓜多尔等国也有过发行尝试。发达经济体基于货币政策考虑，研究发行法定数字货币的可行性；新兴市场经济体对法定数字货币表现出极大兴趣，普遍认为区块链、分布式记账等技术能革新其支付结算体系，提升货币供给、流通和监管水平。

各国央行的法定数字货币方案至少存在以下四个方面的影响：一是各国方案的设计动机、理念和架构不同，若缺乏统一的技术标准和监管规则，可能会引发法定数字货币及其支付的国际竞争。二是各国法定数字货币之间若出现无序竞争，会造成国际货币政策协调困难，也会向国际金融领域传导负面影响。三是与传统货币之间的汇率竞争不同，法定数字货币的竞争将会是算法程序、协议规则、币值稳定性、时间的竞争。我国尚未深入探讨数字人民币在跨境使用中的速度、效率、稳定性和便捷性，也未研讨国际通用的算法程序与规则。数字人民币能否以"一带一路"倡议为契机进行推广，如何解决跨境支付中的法律冲突，以及如何协调不同支付习惯与需求等的解决方案，将影响数字人民币国际化进程。四是国外法定数字货币将会影响国际支付和贸易，对我国经济金融秩序产生外溢性，在与数字人民币的影响相叠加后，增加我国央行的支付监管和调控的困难。

第三节　数字人民币生态的治理

2022 年 3 月 31 日，中国人民银行召开了数字人民币研发试点工作座谈会，要求"完善法规制度和标准体系"。我国采取"先技术后制度"的模式，虽有利于金融创新探索，但却存在法律依据不足、各项机制欠缺立法支撑等问题。随着数字人民币试点地区由"10+1"扩容至 23 个城市，各试点地区积极探索更多应用场景，亟待制定与试点地区适配的法律制度，为数字人民币试点及推广应用保驾护航。

一、数字人民币的治理困境

（一）法律依据与监管规则不健全

我国尚未正式公布发行数字人民币的"具体时间表"，相关的研发与试点工作均以央行为主导，地方政府职能部门协同推进。数字人民币的发行、流通和监管与实物人民币差异甚大，现行法律制度存在很多空白，不仅无法对数字人民币发行、流通进行监管，也无法有效规制相关违法犯罪活动。

1. "无限法偿性"软硬件配套不足

从目前数字人民币的试点情况来看，要完全保障其法偿性，还有待相关软硬件配套的完善。一方面，虽然《中华人民共和国中国人民银行法（修订草案征求意见稿）》规定了人民币"包括实物形式和数字形式"，却没有明确"数字形式"的范围与具体类型，换言之，我国还需通过修法程序进一步确认数字人民币的货币地位。另一方面，虽然《中华人民共和国中国人民银行法》与《中华人民共和国人民币管理条例》都明确规定，在我国境内，任何单位与个人都不得拒收人民币，但由于数字人民币的使用必须基于一些特定的终端设备载体，所以，如果要在数字人民币身上实现像传统实物货币那样的法偿性，还需要有相关硬件的配套普及①。

2. 监管、安全、隐私保护三者间平衡不易

在使用传统的实物货币时，使用人的身份信息几乎不会为监管机关所直接获取和掌握，因此也就不存在个人隐私和数据保护的问题。但数字人民币在使用时，它的流转信息以及使用人的身份信息却都可以从后台被实时获取，这就会产生相应的隐私保护和个人数据保管问题。

要实现金融监管、数据安全、隐私保护这三者之间的平衡，是相当不易的。而法律制度的缺失，使得三者间的矛盾一时间还不能被妥

---

① 中国人民银行 2020 年出台文件整治拒收实物人民币的现象，但这些文件不能适用于数字人民币。

善化解。

第一，数字人民币在设计上肩负着部分反恐、反洗钱以及保障国家安全的使命，所以必须实现在流通中的小额匿名、大额可控，方便金融监管机关在必要时读取相关交易信息和当事人身份信息。但目前我国还没有通过立法将这一权力确定下来。

第二，如果不能做好隐私保护，政府机构在没有正当程序的前提下调取用户交易信息和个人信息，会使公众对使用数字人民币陷入不信任，同时担忧自身隐私信息的泄漏。目前我国在这一制度领域仍然处于空白状态。

第三，法定数字货币关系到国家的货币主权与金融安全，处于测试阶段的软硬件系统极有可能出现安全漏洞和防护隐患，在遭遇黑客攻击时发生用户信息泄漏的情况，相应的预警和危机处置机制需要进行及时配套。

3. 现有规则立法层级不高、内容宽泛不具体

虽然我国已在"十四五"规划中部署了数字人民币的发展建设，央行将数字人民币写入《中华人民共和国中国人民银行法修订草案征求意见稿》，并在白皮书中提出"研究完善数字人民币相关规则"，推动相关法律法规的修订，研究相关管理办法。上海、深圳、海南、重庆等地，也适时发布了一些政策文件（见表8-1），对争取或开展数字人民币试点做出规划；但总体而言，这些规范以笼统的政策引导为主，缺乏具体的事务安排，更未能形成具有体系规模的立法架构。

表 8-1　数字人民币政策文件一览表（不完全统计）

颁布时间	文件	类型	主要内容	目的
2020.10.23	《中华人民共和国中国人民银行法（修订草案征求意见稿）》	法律修订文件	第十九条：人民币包括实物形式和数字形式	明确数字人民币的法偿性
2020.11.03	《国民经济和社会发展第十四个五年规划和二〇三五年远景目标的建议》	党中央政策建议	稳妥推进数字货币研发	作为"建立现代财税金融体制"的重要举措，是全面深化改革构建高水平社会主义市场经济体制的重要工作之一
2021.01.30	《上海市国民经济和社会发展第十四个五年规划和二〇三五年远景目标纲要》	省级政府规划	开展数字人民币应用试点	引导上海金融科技发展，支持国际金融中心建设
2021.02.04	《关于支持罗湖区黄金金融发展的若干措施》	区域政府指导意见	支持黄金珠宝消费券试点"数字货币"	与该区建设全国黄金消费黄金投资产品与服务的创新基地相配套
2021.03.13	《中华人民共和国国民经济和社会发展第十四个五年规划和二〇三五年远景目标纲要》	国务院规划	稳妥推进数字货币研发，积极参与数字货币国际规则和数字技术标准制定	对内：纳入金融供给侧改革重要举措之一，是现代财税金融体制的重要内容之一。对外：国际经贸合作
2021.03.16	《罗湖区产业发展"十四五"规划》（征求意见稿）	区域政府规划草稿	推广数字货币	是该区发展新兴金融科技业态的重要内容之一
2021.07.16	《中国数字人民币的研发进展白皮书》	白皮书	阐释数字人民币体系的研发背景目标愿景设计框架工作进展及相关政策考虑	公告数字人民币研发情况，改变社会公众认知

表8-1（续）

颁布时间	文件	类型	主要内容	目的
2021.10.19	《"十四五"服务贸易发展规划》	国家部委规划	积极参与数字货币国际规则和数字技术标准制定	促进服务贸易发展
2022.01.31	《国务院关于印发"十四五"数字经济发展规划的通知》	国务院规划	稳妥推进数字人民币研发，有序开展可控试点	引导金融业数字化转型，谋划数字经济发展
2022.03.02	《重庆市战略性新兴产业发展"十四五"规划（2021—2025年)》	省级政府规划	积极争取国家法定数字货币试点支持，开展数字人民币研究和移动支付创新应用，拓展数字人民币应用场景	开展数字人民币试点城市建设，谋划战略性新兴产业发展

（二）综合治理体系不完善

数字人民币的投放和应用是一项系统性工程，除了应有央行的牵头引领外，更离不开 B 端、C 端、G 端以及司法部门等多方的通力合作。然而我国目前在金融数字化治理方面的综合能力依旧薄弱①。此外，从目前部分地区的试点情况来看，无论是在金融系统内部、商户中，还是在基层政府监管部门里，持有将推广数字人民币作为一项表面任务进行应付心态的人不少。

---

① 从试点情况来看，数字人民币的发行流通与监管等都具有特殊性，尤其需要对个人信息处理隐私保护反洗钱和反假币等特殊问题予以回应。然而，央行引导监测各试点有关金融活动，适用审慎监管相关文件，发布有关风险提示，尚未形成监管规则体系。我国已彻底禁止私人数字货币交易，由中国人民银行、国家金融监管总局与公安机关等部门按照职责分工监管相关活动。

二、应对变革的治理选择

数字人民币短期内不会在全国全面推广开来，尚需在多场景中不断试验、试错。我国"十四五"规划要求稳妥研发数字人民币，这也有利于各类金融主体探索创新、迎接变革。

（一）建立健全数字人民币的法治保障

随着数字人民币试点工作的稳步推进，加快制定与完善相关配套规则已成为当务之急。我国应当首先明确数字人民币的发展目标，采取适当的立法方案，针对热点难点问题逐步研究并制定相关规则，以健全的规则体系不断加强数字人民币的法治保障。

1. 构建科学合理的法律框架

数字人民币是以国家主权为担保、具有法偿性的加密货币，因而中国人民银行发行数字人民币的背后，必然涉及货币发行权、系统管理权、规章制定权等一系列的权力调整，相应的配套法律和监管制度框架也需要进行搭建或完善。

第一，在立法的路径选择上，我国可以采取"渐进式立法"的模式，循序渐进地补充和完善现有制度体系。所谓"渐进式立法"模式，是相对于"重新立法、全面修法"模式而言的一种成本较低的立法方案。具体而言，就是顺应数字人民币及其业态发展，在原则性内容上适用民法、行政法等基本立法。此外，针对具体操作问题，由中国人民银行或地方政府制定区域性法律制度或业务规则，根据试点推进情况进行调适。待立法时机与条件成熟时，再制定中国人民银行规章或地方政府规章，或进一步探讨制定《数字人民币管理条例》等行政法规、完善相关的配套制度。举例来说，由于数字人民币所适配的新兴支付业务发展迅猛，其业务监管也具有较强的技术性，因而制定和适用相应法律时，除《中华人民共和国民法典》等基本法律外，还应就支付过程中各个环节的规范特性，有针对性地构建相应的法律体系①。

第二，在立法目标制定上，应当结合数字人民币的设计定位，最大限度发挥它的积极效用。根据中国人民银行的设计，数字人民币定位 M0，主要任务是为社会公众提供丰富的支付工具选择，提高零售支付的公平性、效率与安全性，兼具依照国际倡议改善跨境支付、支持我国数字经济发展的目的。因此，我国应当在法律框架中明确促进支付普惠作用与数字经济发展的目标。

第三，在程序规则配套上，应当着力协调好监管、安全与隐私保护三者之间的关系。在监管程序上，由于中国人民银行设计了数字人民币的认证中心、登记中心与大数据中心的"三中心"管理模式，因此我国后续拟定的法律制度应当明确构建对监管职责人员配置、工作流程权限范围、保密义务、问责机制等规则。在数据安全保障方面，有必要提前制定好遭遇程序漏洞、恶意攻击等极端情况下的预警和危机处置机制。在隐私保护方面，应以立法的形式具体明确能够读取交易信息与用户个人信息的主体、条件以及程序等，比如规定中央金融监管机构、公安机关、监察机关与司法机关需通过什么样的程序，或持有什么样的法律文书才可以读取相关信息。

---

① 移动支付业务适用网络支付监管规章，二维码支付聚合支付等业务适用央行监管文件，区块链技术适用相关技术规范等。这些规则存在零散分布效力位阶较低等特点，亟待更高立法位阶的统一整合。

2. 健全适配数字人民币的规则体系

不同于传统实物货币，数字人民币在使用中会表现出许多新的特点，因此在制定规则时也应当充分考虑到与这些特点进行适配。

第一，数字人民币具有财产属性。结合《中华人民共和国民法典》的相关规定，有一些问题需要进一步明确。比如，他人未经所有人授权而使用了其数字钱包中的数字人民币进行支付，那么这种非授权支付的风险应当由谁承担的问题。又如，针对混币双花支付、迟延支付、"碰一碰"支付等不同支付情形，如何制定数字人民币确权登记等规则，以及如何解决这一过程中的权利问题。

第二，数字人民币具有数字属性。数字人民币在发行和流通中都具有独特的数据要素配置，因此在完善配套制度时，还应当结合我国虚拟财产制度来制定相应的数据收集、保存与处理规则。

第三，数字人民币具有法定货币属性。数字人民币本身在反洗钱、反假币与反恐怖主义融资等方面有着较高的监管要求，而它在这些方面又与传统实物货币的监管手段存在差异，不能用当前规范僵硬地予以同质化的套用。此外，未来数字人民币一旦进入到跨境流通领域，还将涉及外汇管理、网络安全等更多的问题。这些问题除了要通过技术方案予以解决外，还需要有针对性地从法律制度上进行规制。

综上而言，我国应从长远布局上，逐步对涉及数字人民币各项业务的法律法规进行梳理与规范，形成规则互补、内容协调的法律体系。与此同时，我国还应当积极开展与其他国家、国际组织之间的立法与监管合作：一方面立足本土的法律体系、借鉴国外相关成功经验，不断调整相应规则制度，使之与国际法定数字货币发展新动态适配；另一方面，积极参与数字货币相关国际标准、规则的制定，引领法定数字货币的立法趋势，在这一蓝海领域发挥全球影响力。

（二）建设完善综合治理体系

1. 履行好职能和开拓应用场景

一是由央行协调三重职能。央行应结合三重职能，确保法定数字货币在安全、可控环境下的流通和使用，保障支付系统的安全性和完整性。央行是数字支付体系的运营者，负责维护法定数字货币基础设施的正常运转，促进数字技术与法定数字货币的融合。

央行也是数字支付系统的促成者，应支持法定数字货币与多种支付方式共同发展，积极鼓励、支持企业和个人研发和应用数字技术，通过支付业务竞争优化数字货币系统。央行要根据数字支付市场的规律与需求，支持和开拓法定数字货币的宏微观场景应用。数字人民币的发展应适应人民币国际化战略需求，在此背景下，央行应探讨法定数字货币跨境使用的不同策略。

央行还是数字支付行业的监管者，需修订和完善发行、流通、清算等业务的监管制度，保障未来货币政策、调控政策和资金监管的实施。

二是由商业银行拓展场景。商业银行需适应发展趋势，促进法定数字货币的多场景应用。商业银行作为货币流通的主要载体，需积极打造法定数字货币流通和使用的微观环境。商业银行作为支付中介，应改造新兴支付机具，积极探索和创新数字支付的各种方式。商业银行可利用信用中介的优势，创新数字货币衍生品与服务，满足消费者个性化、便利化的支付需求。

2. 夯实货币应用和基础设施管理

一是加强基础设施建设。数字人民币的发展应在短期内搭建货币的生成、发行等系统，促使数字人民币的正常使用，实现数字钱包、支付系统等不同系统的互联互通，保障数字人民币的发行、流通、存储与应用安全。数字人民币的发展应在长期内鼓励商业银行、支付机构、设备商、IT 服务商等主体参与建设，解决数字人民币在创新场景和设备中的应用问题，并构建物联网、智慧城市等领域的基础设施，提升系统的算力、兼容性、速度和安全性，增强数字人民币系统的国际竞争力。

二是优化支付基础设施监管。将数字人民币应用系统纳入系统重要性基础设施监管，对央行、商业银行数字货币系统实施差异化监管。针对互联性、开放性与智能性的支付服务，制定明确性、可操作性强的监管规则，强化对数字人民币应用系统的统筹监管，强化交互操作和跨境支付的风险监管。

3. 注重货币应用普惠性和业务监管

一是注重数字人民币应用的普惠性。《中华人民共和国中国人民银行法修订草案建议稿》（以下简称《建议稿》）已明确赋予数字人民币的法偿性，但还需修订和完善相应的支付结算制度。考虑到社会经济的发展水平，居民的认知水平、金融素养、使用偏好、交易习惯等因素，实践中可能会存在拒收数字人民币的现象，应当根据拒收的主观和客观情形规定处罚或免予处罚。制定专门的支付结算规则，解决因客观因素不能使用数字人民币的问题。数字人民币应当具备用户友好性，解决流通、应用中的技术鸿沟和信息不对称问题。针对数字人民币国际流通和跨境支付中的难点，应完善监管制度建设，有效规制数字货币形式的跨境资本流动。

二是完善数字人民币的应用监管体系。首先，数字人民币将会与金融创新、技术创新相互融合。我国可优化"监管沙盒"[①] 模式，根

---

① 监管沙盒，是由英国金融监管局最早提出的一个概念，指金融监管部门为了将金融风险限定在可控范围之内，先划定一个范围，也就是所谓的"盒子"，对在"盒子"里面的试点运行项目采取全流程的审慎监管措施，同时防止将"盒子"内发生的问题扩散到"盒子"外面。

据创新程度选择监管策略，消除数字人民币多场景应用中的障碍；引导和规范金融科技和新兴技术的正当应用，防控数字人民币应用中的技术创新风险。其次，数字人民币的推广将会产生更多新兴货币业务。我国央行及金融监管机构应加强对货币业务的准入监管，设定严格的货币、支付等从业资质和准入条件。再次，数字人民币的应用将会涉及原生货币和衍生货币，应当对商业银行、支付机构实施分类监管和功能监管。最后，厘清金融业务与信息服务的性质，避免与网信办等机构的重复监管。目前，陆金服区块链、壹账链的客户身份认证等信息服务由网信办备案管理。"一行两会"根据分工对具备更多金融属性的区块链金融业务实行监管。对于交叉型、复合型的业务，应当明确多部门的监管、沟通与协调。

4. 加强交易数据保护与风险防控

一是规范货币的合理应用和研发技术。数字人民币需要解决限额、混币等难题，消除数字人民币应用中的技术障碍，构建法律规范、监管规则与自律规范相结合的制度体系。注重跟踪新兴技术、适用法律与应用部门之间的互动，实现交易安全、技术创新与服务管理规范的互补与协调。针对数字人民币的技术特点和潜在风险，探索切实可行的金融消费者保护规则；加强金融科技知识宣传，提高公众对数字人民币的认知度，以及掌握风险防控和自我防范的必备技巧。

二是处理好数据交易与隐私保护的关系。强化支付市场主体的安全管理和保障义务、强化对硬软件服务机构和数字人民币商户的监管，使其采取相应的技术设施和保密手段。同时，明确认证中心保护数字货币交易的职责，依法处理金融消费纠纷，维护市场主体的合法权益。赋予交易主体对数字人民币数据的下载、留存、消除等处分权利；区分数字人民币数据类型，明确查询、禁止采集、披露、委托加工、销毁等法定条件。

二是强化数字人民币应用风险管理。稳步推进数字人民币的试验及未来的发行、应用工作，实现安全、可控、创新与实用的目标。中国人民银行在设计解决方案、系统和服务等运行机制时，应通盘考虑数据保护和网络安全问题，增强各系统、地区或领域对数字人民币等支付方式的兼容性和互操作性。全面审查数字人民币试验、发行和应用中的风险，强化对市场风险、操作风险和技术风险的前瞻性分析，构建快速响应的决策体系和风险管理体系，确保各项业务的连续性和运营韧性。加强对支付市场主体的风险评估，以便应对运营失败、网络漏洞、系统攻击、执行错误等风险。

第九章

数字人民币走向世界

人民币日益成为主要的国际货币之一，数字人民币将有助于人民币国际化战略的逐步落地。我国在积极推进数字人民币试点工作，主要发达经济体、新兴经济体也都在研发各自的法定数字货币。了解各国法定数字货币研发现状，采取合作共赢、优势互补的方式，有利于我国推广数字人民币。我国最终将与国际社会一道，在"无损""合规""互通"的原则下，共同致力于改善国际支付环境，共同创建美好的未来。

第一节　各国"五花八门"的法定数字货币

自从 1971 年美国时任总统尼克松宣布美元与黄金脱钩以来，世界货币体系逐渐进入了由各国政府主导的主权信用时代，世界主要货币不再与作为实物锚的贵金属挂钩，而是背靠国家信用。然而几十年间，伴随着金融危机的不断发生，如今全球货币体系出现了明显的信用货币过度膨胀、普遍性通货膨胀等诸多问题。此外，面对新冠病毒感染疫情后全世界非现金支付需求激增①，以及数字经济时代全面来临等现实变革，世界主要经济体对数字货币的态度都不约而同地迅速由保守转为积极，并且显著加快了自身央行数字货币的研究与发展。2022年国际清算银行一项针对81家央行的调查显示，其中有90%的央行正在进行法定数字货币的相关研究。如今，几乎在世界各洲都能看到央行数字货币（CBDC）的身影。

一、法定数字货币在南美

CBDC的提法一经问世，就受到了南美洲许多国家的积极关注，无论成效如何，它们先行先试的脚步确实走在了世界前列。

（一）厄瓜多尔

说到CBDC发行，南美洲的厄瓜多尔可以算得上是全球"第一个吃螃蟹"的国家。早在2014年，当各国央行对于投身CBDC踌躇不前时，厄瓜多尔央行（BCE）已宣布将试行一种新的电子货币——厄瓜多尔币，并很快在次年2月推出了全球首个数字货币运行系统（DE系统）②。

由于厄瓜多尔央行的官方货币是美元，因此厄瓜多尔币的设计定

---

① 国际清算银行指出，新冠病毒感染疫情期间的社交隔离政策、公众对现金可能传播病毒的担忧以及政府向个人发放补贴的计划都进一步加快了向数字支付的转变。

② 这个系统主要依赖于区块链技术，建立一个去中心化的数据库，以P2P数字代码作为厄瓜多尔币的基本形式。也就是说，厄瓜多尔币的发行无须依赖国家、银行或任何特定的货币机构，它是根据特定算法和大量计算产生的。

位是与美元等价兑换的一种新型支付方式。为凸显推广 CBDC 的决心，厄瓜多尔规定，所有公共及私立机构必须和合作金融机构一起参与构建电子货币系统，并且金融机构必须为"现有的全部服务和将来可能提供的服务"提供电子清偿选项，因此每家银行都需在国有的电子货币系统下开立账户。

1. 先行先试的动因

第一，"去美元化"的尝试。厄瓜多尔的工业基础薄弱，农业发展缓慢，是南美地区经济相对落后的国家之一。为应对不断恶化的经济危机、抑制国内的高通胀，厄瓜多尔不得不于 2000 年宣布推行美元计划，即将美元作为其官方货币。放弃主权货币转而采用美元，虽然在短期内能够实现稳定物价、抑制通胀①、增加公民购买力等效果，但好景不长，随后发生的全球金融危机使得大量美元回流，导致厄瓜多尔国内美元升值、物价暴涨，经济彻底进入寒冬。再加上自 2002 年以来，美元开始了持续六年的下跌，美元贬值、美国经济基本面失衡等现实，使得长期与美元高度捆绑的南美诸国有了"去美元化"的打算。虽然厄瓜多尔当局自推出电子货币系统以来，一再否认该举措与去美元化有关，但不可否认的是，采用法定数字货币的效果之一就是能够在一定程度上弱化美元影响力。

第二，增加金融包容性，刺激经济发展。相关统计显示，厄瓜多尔成年人中仅有 40% 的人开有银行账户，相比之下，厄瓜多尔的手机普及率却很高，全国约 160 万人，平均人手一部手机。因而厄瓜多尔币的推出，能够更好地服务于那些拥有手机却没有银行账户的群体，

---

① 宣布实施美元计划后，厄瓜多尔的通货膨胀率由 2000 年的 91% 迅速回落至 2001 年年末的 22%。

并以此提高支付系统的效率，增强国家的经济稳定性。

2. DE 系统的失败

为减少数字货币试行过程中的安全隐患，厄瓜多尔当局给 DE 系统制定了一些看似完善的制度：在设计上，厄瓜多尔币依赖于一套类似于普通银行借记卡的系统，用户不能像使用信用卡一样预支，必须在确保账户中有资金后才可以使用，且每人每月的消费额度不得高于 2 000 美元；在发行时，只有符合相关条件的厄瓜多尔居民才有权使用厄瓜多尔币，并能够在超市、商场、银行等场所完成支付；在运营时，厄瓜多尔币由央行直接监管，并由央行来维持汇率的稳定。可遗憾的是，公众对此却并不买账——试行一年后，厄瓜多尔币在国内的流通量尚不足整体货币存量的万分之五，在 DE 系统开立的 40 多万个账户中，实际使用用户数仅不到 29%。最终，得不到民众使用支持的厄瓜多尔币不得不在 2018 年 4 月宣告停止运行，厄瓜多尔成为世界上第一个尝试 CBDC 却失败的国家。

厄瓜多尔币计划失败的最直接原因是政府信用不足。即使是央行发行的法定货币，但由于多年以来低迷的国内经济、腐败的政府财政以及对美元的深度依赖，普通民众对厄瓜多尔币充满不信任，担心它很快就会遭遇违约和贬值。

CBDC 作为法定货币，与主权国家信用直接挂钩。厄瓜多尔的失败教训再一次用事实证明，没有良好的本国法定货币信用系统，即使给出再低的准入门槛，也不足以实现 CBDC 的稳健普及。

（二）乌拉圭

南美的乌拉圭也是 CBDC 试点的先行者。该国启动的一项叫作"e-Peso（比索）"的法定数字货币计划，最初仅为一项为期 6 个月的短期试验计划，于 2017 年 11 月由乌拉圭央行（BCU）正式提出。从设计上看，e-Peso 与厄瓜多尔币类似，并不属于新型加密货币，而仅仅是数字形式的货币——它无法通过实物形式呈现。

乌拉圭启动 e-Peso 项目的原因有很多。首先是鉴于乌拉圭近年来遭遇的区域性经济低迷，使得国内一度出现了现金短缺、通货膨胀以及银行挤兑等金融困境，政府寄希望于开发 e-Peso 来促进金融普惠。其次是出于对国家金融安全的整体布局的考量，一方面是为了降低美元替代本币的程度，另一方面也考虑到实物版的乌拉圭比索，因其匿名性而存在较大的洗钱风险。再次，由于乌国内现金使用量正逐年减少的整体趋势，更为高效的数字货币能够伴随着数字支付方式的普及成为现金的有力替代。最后，乌拉圭央行也指出，纸币的印刷、运输、分配成本过高，且各环节的安全保障也需支出不菲的费用，e-Peso 的使用或将在一定程度上减少此类支出。

乌拉圭央行计划通过测试：首批发行 2 000 万枚电子比索，向 1 万个 ANTEL 手机用户投放。个人和企业用户都可以从 epeso. com. uy 网站下载手机应用后进行注册，然后通过一家乌拉圭支付公司 Red Pagos 进行数字钱包的充值或兑现。可惜民众的参与热情却并不高，直到公测期结束，参与 e-Peso 项目注册的个人仅为 5 536 人，企业 80 家。

乌拉圭央行表示，法定数字货币研发是一个反复试验、失败和成功的过程，必须经过长期测试，保证数字货币与传统货币一样稳健，才能正式实施与推行。作为最早完成法定数字货币项目落地公测的两个国家之一，[①]乌拉圭的短期测试无形中给犹豫不决的部分国家的央行

---

① 另一个是同为南美国家的厄瓜多尔。

提供了思路，与其拘泥于理论上的反复探讨，不如在风险可控的范围内进行实地测试来得高效。

（三）委内瑞拉

"石油币"（Petro）是委内瑞拉发行的数字加密货币，由委内瑞拉政府直接推广。该项目于 2018 年启动，作为国家法定货币石油币的价值与原油价值直接挂钩，每一个 Petro 都由委内瑞拉的一桶原油做实物担保，首批发售 1 亿枚，面向委内瑞拉境内所有领取养老金的退休人员、公共部门的工人、军人以及其他合格公民等进行"空投"。

为了支持 Petro 的使用，委内瑞拉政府颁布了许多具有强制性色彩的推广政策。例如，要求所有从首都加拉加斯起飞的航空公司必须使用 Petro 支付燃油费；要求委内瑞拉所属的石油公司必须每天使用 Petro 销售 5 万桶石油，缴纳税费、水电费以及港口费等；甚至为了扩大其适用范围，还允许开设使用 Petro 下注结算的赌场……此外，为了进一步扩大 Petro 的影响力，委内瑞拉还与古巴政府展开了一系列双边磋商，试图将其用于双边贸易支付。

1. Petro 诞生的动因

委内瑞拉政府之所以对推动 Petro 项目有着如此高的热情和决心，与其当时所处的艰难的国内国际经济环境分不开。作为世界上原油储备最大的主要产油国之一，委内瑞拉的经济高度依赖石油出口，其 95% 以上的外贸收入来自于此。而随着 2014 年 OPEC 减产谈判破裂、全球油价暴跌，委内瑞拉的国内经济也随即遭遇寒冬。随后政府为弥补因财政赤字而大量印钞的行为，则进一步使委内瑞拉陷入通胀的深渊。国际货币基金组织（IMF）统计的数据显示，2013 年至 2017 年，短短五年间，委内瑞拉的通货膨胀率由 41% 飙升至 626%，翻了 15 倍！

祸不单行，从 2017 年 8 月开始，美国和欧盟又相继对委内瑞拉实施了严厉的金融制裁，导致委内瑞拉危机加剧。在内忧外患的背景下，委内瑞拉政府只能寄希望于 Petro 能够改善国家经济状况，打破美欧金融封锁。

2. Petro 的现实困境

与委内瑞拉政府表现出的积极态度相反的是，委内瑞拉国内市场对于 Petro 的接受程度并不高，其在国际市场的应用也频频受挫。Petro"不受待见"的原因有很多。其一，由于过去委内瑞拉政府曾经有过不当挪用资产行为和法定货币玻利瓦尔贬值 99% 的不良记录，委内瑞拉民众普遍对政府的能力持不信任态度，以致于在接收到 Petro 空投后，许多民众纷纷选择通过比特币交易平台进行出售。其二，由于作为 Petro 价值实物担保的委内瑞拉石油产能一路下降，国际社会对持有 Petro 的前景也并不看好。受政府管理不当、国际石油价格持续低迷等问题的影响，委内瑞拉产油量不断下降，至 2018 年已降至 160 万桶，是过去 30 年来的最低水平。由于对 Petro 缺乏信心，有许多石油买家在被委内瑞拉政府强制要求使用 Petro 支付港口费用时，直接选择停止购买委内瑞拉的石油。其三，美国的制裁加速了 Petro 的"夭折"之路。2018 年 3 月 19 日，时任美国总统特朗普签署行政命令，全面禁止任何美国人或美国境内人员供应、购买和交易任何委内瑞拉政府发行的"数字货币、硬币和代币"，违者或将面临违法指控，这直接导致许多商人拒绝使用 Petro 作为支付手段。

委内瑞拉"石油币"Petro 前路曲折、遍布荆棘的发展经历恰恰印证了一句话：货币数字化不是治愈金融危机、挽救国家经济的特效药。Petro 用它的过去，为如今 e-CNY 的国际化之路敲响了警钟。如果没有坚实的市场基础、稳健的金融环境、完善的配套保障制度、相对平稳的国际环境，无论法定货币数字化在技术上取得多大的突破，都无法真正摆脱现实禁锢的枷锁。

（四）萨尔瓦多

萨尔瓦多是位于中美洲的一个小国，全国领土面积仅有 2.104 万平方千米，人口约 650 万。作为中美洲人口最为密集的国家，萨尔瓦多一直属于"中低等收入国家"，工业基础薄弱，国民经济以农业为主，主要盛产咖啡豆和棉花。

萨尔瓦多的 CBDC 之路与其他南美国家不同，可谓"独辟蹊径"。

2021 年 6 月，萨尔瓦多宣布将比特币列为合法货币，随即国会以超过七成的赞成票通过了《比特币法》，比特币与美元（后者于 2000 年 12 月被列为萨尔瓦多法定货币）一样，正式成为该国的法定货币。而萨尔瓦多也成了全球第一个将比特币作为法定货币的国家。

1. 比特币成为法定货币

为进一步提振经济，现任总统布克勒决定凭借其影响力，开始大力推行他心目中认为最为理想的去中心化金融产物——比特币[1]。为实现这一目标，萨尔瓦多耗资约 300 亿美元，开始了轰轰烈烈的"比特币革命"。一方面，萨尔瓦多开始逐步完善配套基础设施，例如，在全国范围内安装了 200 多台具备比特币交易功能的 ATM 机，个人无须手续费即可将持有的比特币转换成美元后直接取出。另一方面，萨尔瓦多也推出了许多优惠政策，例如，规定商品交易可以用比特币进行，税收也可以用比特币支付，还免缴资本利得税。至 2023 年 4 月，

---

[1] 总统布克勒认为，将比特币作为国家法定货币这一举措将帮助改善该国经济，提高金融普及率，并吸引国际投资。

萨尔瓦多已累计购买了 2 546 枚比特币，成本约为 1.08 亿美元。

2. 比特币计划的失败

以布克勒为代表的萨尔瓦多政府虽然不遗余力地推广着比特币，却没有得到国民的认可。据萨尔瓦多相关媒体报道，在一项民意调查中，有 93% 的人反对使用比特币支付工资，83% 的人反对用比特币汇款。2021 年 9 月 15 日的萨尔瓦多独立日上，数千名示威者甚至涌上首都圣萨尔瓦多街头，抗议总统布克勒以专制手段强行推广比特币成为国家法定货币。

萨尔瓦多的比特币计划最先遭遇到的是来自技术领域的诸多挑战。首先，萨尔瓦多的数字交易市场并不发达，日常仍旧以现金交易为主，对于普通民众而言，无论是消费习惯还是消费理念，都无法在短时间内适应比特币交易环境。其次，由于萨尔瓦多的基础设施和网络普及率十分有限，因而许多民众即使有心也根本不具备使用数字货币的条件。最后，政府为了配合比特币使用而推出的应用程序"Chivo 钱包"在功能和安全性方面都存在着明显的缺陷，并不能给用户创造安全、满意的交易环境。

比特币价值的不稳定性，加之萨尔瓦多本身薄弱的国内经济基础，也给比特币计划带来了许多实施变数。自从成为法定货币后，比特币的价格波动和交易费用给萨尔瓦多造成了巨大的损失：不顾国际货币基金组织（IMF）的风险警告而一再低价购入比特币的萨尔瓦多政府，在 2022 年比特币一路暴跌期间，曾一度面临超高的浮亏与主权债务违约风险；之后，即使是在 2023 年年初比特币价值已上涨 80% 以上的利好背景下，萨尔瓦多所持有的比特币仍浮亏近 30%。

此外，由于本国金融基础设施建设与金融监管能力皆十分薄弱，不少民众担心，扩大比特币的使用极有可能会导致通货膨胀、犯罪活动增加，甚至削弱国家的金融监管能力。因此，尽管萨尔瓦多政府对比特币十分看好，但大多数民众与商户仍然更倾向于使用美元。许多国际金融机构也纷纷表示，缺乏对比特币进行有效监管的能力，将最终导致萨尔瓦多在融资方面面临巨大困境。

虽然萨尔瓦多的比特币计划并不成功，但它的尝试却为其他国家提供了宝贵的借鉴经验。首先，对于那些摸索尝试法定货币数字化的国家而言，配套技术基础设施的完善至关重要。布局广泛的网络系统、稳定可靠的应用程序等，都是法定数字货币普及过程中必不可少的条件。其次，由传统支付模式向数字化支付模式转变的难点，不仅在于硬件配套，更在于民众支付习惯与支付理念的转变。事实证明，如果没有良好的群众市场基础，即使政府再如何大力推广，到头来都是举步维艰。最后，法定数字货币的推行不是一项可以"闭门造车"的活动，为确保其合法性、安全性和可持续性，一国发行法定数字货币时应当充分考虑与国际金融机构和监管部门的协同合作。

（五）巴哈马

与人口集中且贫困的萨尔瓦多正好相反，南美洲的巴哈马是一个由 700 座岛屿和珊瑚礁所组成的国家，仅有的 39 万居民分布在约 30 个岛屿之上。由于巴哈马的人口分布极为不均①，且岛屿之间交通不便，有些岛上并没有银行网点，使得居民办理很多业务都需要跨岛屿进行，造成了银行提供服务门槛高、银行账户覆盖率低等问题。因此，巴哈马作为加勒比地区最为富裕的国家（2022 年巴哈马人均国内生产

---

① 巴哈马群岛的人口分布十分不均，除首都拿骚、大巴哈马岛、阿巴科岛和伊柳塞拉岛外，其余各岛人口均不到 1 万人，其中仅拿骚一岛就居住着约 27.5 万人，占全国总人口的 70% 左右。

总值高达 32 246 美元），多年来困扰该国经济发展的主要问题之一就是如何增加国内金融服务的可获得性，提升金融服务的包容性。

早在 21 世纪初，巴哈马就发起了一项旨在促进国内支付系统现代化的倡议（PSMI），而数字货币的出现无疑是一项提升金融普惠性的利器。2020 年 10 月，巴哈马央行宣布推出了一项法定数字货币计划——"沙钱计划"。作为"金融扫盲运动"的一部分，该计划目标在全国发行一种名为"沙元"（Sand Dollar）的零售型法定数字货币，它定位于数字形式的法定货币，在各方面都等同于纸币。居民可以简单地通过与手机钱包连结的 QR-code 系统向零售商付款，而银行则能够以数字形式转移资金。

试行至今，不论是该国央行还是国际清算银行，他们都对"沙钱计划"的金融普及效果十分看好。该计划不仅有望降低巴哈马的货币印刷成本和交易费用，而且能够帮助那些过去未能得到银行服务、没有银行账户的居民也能够便捷地享受金融服务。

实践表明，对于巴哈马这样的新兴市场和发展中经济体来说，数字货币能够更好地为偏远地区提供金融服务便利，也能更好地落实普惠金融。巴哈马用成功经验证明了 CBDC 在消除金融资源分配不均衡时的显著优势。

二、法定数字货币在北美

与南美国家表现出的高涨参与热情不同，北美两大经济体对于 CBDC 始终保持着谨慎观望的态度。

（一）美国

CBDC 在美国的发展，经历了由谨慎观望到加速赶超这一极具戏剧性的过程。国际社会对于法定数字货币的研发热潮，早在 2014 年就已见端倪，然而起初在美国看来，一些国家之所以积极投入法定数字货币的研发，或多或少都抱着"去美元化"的目的，因此美国的参与热情并不高。直至 2020 年 3 月 27 日，美国却突然一改此前对于发行法定数字货币的暧昧态度①，在其推出的 2.2 万亿美元刺激计划法案初稿中，首次表明要通过数字美元钱包向相关家庭直接发放现金补助，甚至还给出了作为美国法定数字货币的"数字美元"（digital dollar）的设计方案。同年 7 月，美国国会的银行、住房和城市事务委员会又举行了一场以"货币和支付的数字化"（the digitization of money and payments）为主题的听证会，并在会中前所未有地将讨论的焦点集中在数字美元可以解决的问题及其可行性，也就是如何发行数字货币上。而在此之前，美国国会对于数字货币的讨论还一直停留在"为什么要发行数字货币"这类初级问题上。两相比较，可见美国对于法定数字货币态度转变之快。事实上，这一态度转变的背后，是有着其紧迫的现实意义的。

1. 国内：来自新冠病毒感染疫情与普惠金融的双重考验

2020 年伊始，新冠病毒感染疫情开始在全球范围内肆虐，使包括美国在内的大多数世界经济体都陷入了巨大的停滞危机之中。面对疫情裹挟之下低迷的国内经济环境，美国试图通过颁布一系列紧急的政

---

① 2019 年 11 月 20 日，美国联邦储备委员会主席杰罗姆·鲍威尔（Jerome Powell）曾致信美国国会众议院金融服务委员会的两位成员，重申美国目前没有发行央行数字货币的计划和必要。

策来救市纾困，其中就包括直接向个人发放补贴款项，以抵消普通民众在疫情期间的工资收入损失，从而刺激消费。然而，美国金融体系长期以来存在的一个"沉疴旧疾"——金融包容性问题，使得此类救市政策的落地困难重重：美国政府为民众提供的经济补助通常通过邮寄支票的方式给出，这需要投入大量的人力和物力，并且存在交付迟滞的现象，无法为弱势群体提供及时和必要的帮助。鉴于此，美国政府亟须引入一剂良药，一种新型的稳定币，使其既能够通过快速的政府转移支付修补家庭资产负债表，又能够保证整个金融支付系统在一轮轮经济冲击下的稳定。

"数字美元"的提法恰在此时出现了，时机刚刚好。正如前美国商品期货交易委员会主席克里斯·吉安卡洛（Chris Giancarlo）所比喻的那样，数字货币就如同机场道路一样，已经成为 21 世纪必要的基础设施。法定数字货币 CBDC 的发行，可以帮助促进形成更高效和更低成本的金融系统，对于解决美国普惠金融问题是有着积极作用的。

2. 国外：来自国际竞争与角力的危机感

除了国内环境的现实需求，国际竞争压力的加剧也使得美国不得不转变态度，积极谋求法定数字货币的研发。一直以来，美国都在通过各种手段不断稳固其作为全球金融霸主的地位。2019 年以来，数字货币的大行其道对传统国际支付体系产生了极大的冲击，而这也意味着在不久的将来，全球稳定币很可能会被"重新洗牌"。美国由此感受到了巨大的危机。更为紧迫的是，已经走在世界前列的中国数字人民币，在许多方面开始对美元的世界主导地位发起挑战。例如，在各类国际贸易结算中，目前美元使用的仍然是基于传统账户的支付系统，而基于"通证"① 的数字人民币却可以很容易地绕开实际账户进行支付。这在未来很可能会彻底颠覆当前基于美元的国际大宗商品（如石油、粮食、稀有金属等）的计价交易模式。与此同时，"一带一路"倡议的提出以及东亚自贸圈的不断完善，将助力数字人民币未来在国际的广泛使用，这无疑会不断加强人民币的国际地位，使其快速成长为全球性的储备货币。

2022 年 1 月，美联储发布《货币与支付：数字化转型时代的美元》（Money and Payments：The U. S. Dollar in the Age of Digital Transformation）报告，拜登政府紧随其后，于同年 3 月签署了一项名为《关于确保数字资产负责任发展的行政令》（Executive Order on Ensuring Responsible Development of Digital Assets）的行政令，其中明确指出，为继续保持美国在全球金融体系中的领导地位，美国政府将设计和研发数字美元作为当前最为紧迫的任务之一。

目前，美国主要通过两个项目具体展开对于数字美元的设计和可行性的探讨，分别是 2020 年 8 月启动的"汉密尔顿项目"（Hamilton Project）以及 2021 年启动的"数字美元项目"（Dollar Digital Project），后者更是初步构建了"数字美元"的基础模型。从"数字美元项目"的设计构想来看，数字美元和数字人民币虽有不少相同之处，如两者都是由央行（分别为美联储与中国人民银行）统一发行，服从经济金融运行的一般规律；又如两者在运营机制上都选择使用双层投放体系，一层体系是由央行将数字货币分发给商业银行，商业银行通过缴纳准备金获得数字货币，另一层体系是向公众提供数字货币相关的兑换和

---

① "通证"是指通过去中心化的加密技术，以数字形式存在的权益凭证，它能代表一切可以数字化的权益证明，如身份证、学历文凭、货币、票据、所有权、资格、证明等。通证具备可使用、可转换、可兑换、可识别、防篡改等特征。

账户服务。但是，就主导机构、具体技术路线、设计目标等方面而言，两者之间存在着不少差异（见表9-1）。

表9-1   数字人民币与数字美元的差异比较

比较内容	数字人民币	数字美元
主导机构	中国人民银行	数字美元基金会与埃森哲（前者为非营利机构，后者则为咨询公司）
法律地位	法定货币	尚未明确
监管机构	中国人民银行	美联储与其他监管机构
设计目标	1. 强调作为M0的替代作用，丰富央行向社会公众提供的现金形态 2. 支持零售支付领域的公平、效率和安全 3. 探索改善跨境支付	1. 旨在加强美元传统国际结算货币和储备货币地位 2. 提升央行资金与支付渠道可行性 3. 部分实现M0替代作用
设计特性	1. 兼具账户和价值特征 2. 低成本 3. 支付即结算 4. 可控匿名 5. 可编程性	1. 满足支付服务的安全需求 2. 提升跨境支付潜力 3. 支持美元的国际角色 4. 减少金融包容障碍
技术路线	暂无分布式记账技术（DLT）应用	强调分布式记账技术（DLT）应用
应用场景	零售型央行数字货币，主要适用于小额高频的应用场景	强调跨境支付方面的应用
交易费用	明确不计息，交易无须支付额外费用	尚不明确，或将在交易过程中收取一定手续费
隐私保护	交易记录可监控可追踪	中心化数字账户系统，用户隐私数据相对安全
与其他加密货币关系	限制其他加密货币与人民币交易	其他加密货币与美元交易较为自由

资料来源：笔者根据中国人民银行发布的《中国数字人民币的研发进展白皮书》、数字美元基金会与埃森哲共同发布的《数字货币白皮书》等报告整理绘制

欧洲央行 2020 年的统计显示，作为世界主导货币，美元在全球支付中的占比超过 40%，而人民币的占比则远不足 5%。美元的数字化，无疑将给数字人民币国际化之路带来巨大的竞争挑战。

（二）加拿大

作为最早开始关注 CBDC 的国家之一，加拿大金融监管当局一开始就表现出了对于数字货币的积极态度，并于 2016 年启动了一项名为"Jasper"的数字货币项目。该项目由加拿大支付公司、加拿大银行、金融创新联盟等加拿大金融机构进行合作研究，旨在通过 DLT（distributed ledger technology，即分布式账本技术）构建批发型的数字货币。

加拿大之所以走在积极探索数字货币的前列，主要是受到了来自四个方面的现实"压力"。

其一，比特币、Libra 等私人加密货币对加拿大中央银行体系以及加拿大货币主权的冲击。在正式决定进行法定数字货币研发之前，加拿大央行已经花了数年时间，研究比特币等波动性较大的数字货币以及 Libra 等稳定币在市场中的数量增长对本国经济的影响。结果证明，私人数字货币如果在加拿大被广泛使用，将会直接削弱加拿大央行管理货币政策的能力。因此，加拿大央行认为完全有必要发行自己的加密货币。

其二，加拿大的金融创新缺乏内驱动力。加拿大的金融服务高度集中，这导致银行等金融服务机构间的竞争不足，相对平稳的金融环境使得这些机构宁愿使用效率低下的传统交易结算模式，也不愿去进行金融技术创新。举例来说，加拿大现行的大额支付系统在进行银行间批发交易时，依然需要提供全额或部分抵押。因此加拿大希望通过研发法定数字货币，来构建新的批发支付系统，减少抵押品需求，从而提高银行间支付结算效率和金融系统运行效率。

其三，加拿大金融业的科技转化水平相对较弱，以致于其对国外科技企业有着较强的依赖性。虽然加拿大的科技发展水平在全球竞争中并不输于绝大多数的发达国家，但有意思的是，多年来加拿大本土的科技公司却基本不涉足金融服务业，以至于时至今日，其金融科技领域中基础性的第三方支付服务仍主要由美国贝宝公司（Paypal）所主导。

其四，严格的国内金融监管制度使得加拿大金融机构在开展金融科技业务创新时的试错成本很高，因此只有依靠自上而下的整体规划，才能够在短期内有效推动数字货币的研究进程。

"Jasper" 项目的直接目标是构建一个概念验证系统（无意推进到生产级系统）来评估以 DLT 为支撑的结算货币和支付清算系统是否有效。项目实验分为以下四个阶段（目前已进行到第四阶段）。

第一阶段是平台搭建阶段，也就是数字货币设计与概念验证阶段。通过区块链原型的构建验证批发支付系统的可行性，以研究央行数字收据在银行间同业结算中所使用的情况，实现了模拟资金转账。

第二阶段是国内银行间同业拆借付款结算应用阶段。由加拿大央行在开源分布式记账平台上发行数字货币（CAD-coin），参与银行将现金抵押品保存到由加拿大央行持有的特殊账户中，央行随即将相同价值的 CAD-coin 发送到参与银行的分布式账户上，以供不同银行之间使用 CAD-coin 进行交易和结算。

第三阶段为采用 DLT 证券结算阶段。加拿大央行将基于分布式记账技术，构建一个新的证券支付结算一体化平台，证明使用分布式记账技术进行证券清算和结算的可行性，发现了将现金或其他象征性资产（如证券）与分布式账本系统相结合所带来的优势。

第四阶段为跨境支付实验阶段。目前，加拿大央行、加拿大支付协会等机构已经与新加坡金融管理局、英格兰银行等进行了部分有关跨境、跨币种支付项目的合作。例如，加拿大央行和新加坡金融管理局合作利用哈希时间锁（HTLC）合约连接 Jasper 和 Ubin① 两个系统，用以验证不同平台间跨境大额支付的可行性。最终实验表明，即使没有一个被双方司法管辖信任的第三方介入，Jasper—Ubin 项目仍然可以简单、高效、安全地实现两国跨境支付的"原子交易"②。Jasper—Ubin 项目为央行数字货币跨境支付提供了研究范本，为开发新一代跨境支付基础设施提供了经验性参考。

尽管 Jasper 项目至今已经过多个阶段的试验，但加拿大目前仍未最终下定由央行发行法定数字货币的决心。其中有技术方面的顾虑，也有对自身金融系统配套与适应能力的顾虑。但无论如何，主要经济体央行未来改革的趋势必然是使自身具备发行法定数字货币的能力，只有这样其才得以统筹公共部门与私人部门，解决未来潜在的冲突，同时维系国家支付体系和发挥中央银行功能。

三、法定数字货币在欧洲

近年来，面对公众支付偏好的转变、经济基本面的预势以及各种私人数字货币对国家货币主权的冲击，欧洲主要经济体不约而同加快了研发法定数字货币的脚步，在开展相关国际合作方面也进行了许多

---

① 后者为新加坡的数字货币项目，与 Jasper 一样，主要依赖于 DLT 搭建。
② 原子交易是指基于智能合约的一项交换技术，用户之间实现通证交换无须介入第三方机构。

有益的尝试。

在欧元区内，欧洲央行于 2020 年 10 月发布了一份《数字欧元报告》，迈出了探索统一数字主权货币的第一步。与此同时，欧元体系成员①中的许多央行、金融机构和行业协会也或早或晚地开始了各自对 CBDC 的尝试。而在非欧元区，英国、瑞典、挪威等国家央行也根据国情，积极开展了一系列 CBDC 探索工作。

（一）法国

法国是欧元体系国家中较早进行数字货币先行先试的国家之一，早在 2020 年 5 月，法兰西银行（法国央行）就已经在私有区块链平台上首次成功进行了数字欧元的结算实验。基于欧洲央行对于数字欧元作为零售型货币的定位，法兰西银行与一家私营企业合作进行数字货币研发，以区块链技术打造主要用于银行间交易的数字货币，试验所用的区块链来自总部位于英国的受监管区块链服务提供商 SETL。本次试验中，投资者使用提供的 CBDC 通过私密区块链购买和出售了总价值超过 200 万欧元的模拟份额。SETL 的 Iznez 记录平台则被用来跟踪基金份额的动向。

法国在法定数字货币的国际合作方面，同样走在前列。2020 年 11 家区块链企业在法国成立数字货币发展协会（ADAN），以促进数字资产的使用和该行业的所有活动。协会初始成员包括法国 Consensys 公司②、方舟投资管理公司等数字资产领域的主要参与者。此外，法国

---

①　目前欧元体系除欧洲央行外，还有 19 个成员国，分别是德国、法国、意大利、荷兰、比利时、卢森堡、爱尔兰、西班牙、葡萄牙、奥地利、芬兰、立陶宛、拉脱维亚、爱沙尼亚、斯洛伐克、斯洛文尼亚、希腊、马耳他、塞浦路斯。

②　这是一家区块链技术研发及孵化企业，曾孵化很多知名加密项目，比如 MetaMask、Gnosis 和 Infura 等，在加密货币领域具有较强的影响力。

还与新加坡金融管理局（MAS）进行了涉及多个 CBDC 的跨境交易的模拟，并与瑞士国家银行、BIS 创新中心与突尼斯央行都进行了相关领域的合作。

正如法兰西银行行长弗朗索瓦·维勒鲁瓦·德加洛（Francois Villeroy de Galhau）所说，法定数字货币是一个必须进行国际合作的领域，这既是为了跨境效率，也是为了金融稳定和货币主权。欧元区国家对统一数字货币的探索，更是离不开国际合作的支持。

（二）瑞典

瑞典并非欧元区国家，其官方货币为瑞典克朗。作为目前北欧国家中数字发展方面的先驱，瑞典央行也正紧锣密鼓地研究国家加密货币——电子克朗（e-Krona）。

截至目前，电子克朗项目已经进行了多轮测试。在设计定位上，电子克朗只能由瑞典央行创建和发行，是由国家信用担保的法定货币；在目标定位上，电子克朗属于零售型 CBDC，被设计为可用于消费者、公司和政府机构之间的小额交易；在技术定位上，电子克朗基于 R3 公司的 Corda 平台运行，主要依托区块链和 DLT，用户需将数字钱包链接到移动应用程序或卡式的支付工具后才能使用电子克朗进行支付。

瑞典之所以在数字货币研发方面走在前列，其实是源于极低的现金使用率——自 2008 年以来，瑞典流通中的现金价值下降了 50% 左右。2018 年一项统计表明，瑞典全国现金使用率仅为 13%；而新冠病毒感染疫情之后，无现金支付趋势则愈发加速。不过需要指出的是，瑞典的现金使用率降低，并不是因为存取现金的硬件配套不到位。据 2016 年的调查，尽管当年瑞典自动柜员机（ATM 机）的数量与十年前（2006 年）的数量持平，但公众从自动柜员机中提取的现金却越来越少。这一切都是因为瑞典广泛普及现金支付以外的其他支付方式——但与如今中国老百姓普遍接受手机支付不同，瑞典公众多年来已经十分习惯于使用银行卡进行日常消费。而当越来越少的消费者选择现金支付时，对零食商而言，继续接受现金支付就不再有利可图，甚至可能产生高昂的处理成本。因此，瑞典有一半的零售商表明，他们最迟将在 2025 年停止接受现金作为支付手段[①]。

瑞典政府很快意识到，一旦消费者对使用现金的兴趣下降，那么简单地增加提供现金的渠道也无法逆转这一趋势，政府迫切地需要一种安全、高效、值得公众信赖和接受的支付方式来弥补现金使用不足的缺口。于是，在数字化支付迅猛发展的今天，电子克朗应运而生。

虽然大多数国家考虑开发 CBDC 时或多或少都受到了国内现金使用率下降的影响，但瑞典一直以来的现金使用率之低却是其中的极端个例。如果电子克朗能够在正式投入使用后扭转这一趋势，那么无疑会为他国发挥 CBDC 的积极作用提供更大的信心。

（三）英国

英国是最早从国家层面进行区块链领域研究并发布报告的国家，而英格兰银行也是较早意识到 CBDC 积极作用的央行之一。2020 年 3 月，英格兰银行发布《央行数字货币：机遇、挑战与设计》报告，承认 CBDC 将会带来许多新的机遇，但也蕴藏着对于货币和金融稳定的巨大挑战。2021 年 4 月 19 日，英国前财政大臣、现任首相里希·苏纳

---

① 不过需要指出的是，瑞典电台 2023 年 1 月 9 日的报道显示，随着俄乌冲突的进一步加剧，越来越多瑞典人开始意识到留一些现金作为备用支付选项是很重要的，因而自 2022 年开始，瑞典现金使用量出现了 20 年来最大增幅，增长了大约 7.5%。信息来源：中华人民共和国商务部。

克表示，为"确保英国的金融服务业始终处于全球技术和创新前沿"，政府将在财政部和英格兰银行（即英国央行）之间成立一个新的工作小组，以协调开发央行数字货币的相关探索工作。2022 年 4 月 4 日，英国政府宣布，将以"使英国成为全球加密资产技术和创新中心"为目标采取一系列措施规范和利用加密货币（包括比特币等代币），还将与皇家铸币厂合作推出非同质化通证（Non-Fungible Token，NFT）①。

目前，英国已建立了一套自己的央行加密数字货币原型系统（Centrally Banked Cryptocurrencies）——RSCoin，并计划在 2030 年推出"数字英镑"。在目标定位上，RSCoin 系统旨在探索一种能够实现央行控制、可扩展的数字货币，并通过实验验证 CBDC 发行和流通的可行性框架和运行准则。在技术设计上，该系统采用了"中央银行—商业银行"的二元分层结构，基于区块链技术实现了分层管理的分布式记账。虽然不少研究者认为，英国 RSCoin 原型仍然使用中心化的货币管理模式，将会让数字货币系统的处理变得较为复杂，从而影响到整个系统的运行效率，但这一设计恰恰能够满足央行货币政策调控的需要，这可以理解为是对 CBDC 安全性持不确定态度的英国当局，为维持国内金融稳定所能接受的安全底线。

事实上，英国政府对于法定数字货币又看好又担忧的复杂情绪，也映射出一部分民意。2021 年的一项民意调查显示，由于担心网络技术安全和隐私泄露问题，表示不愿持有"数字英镑"的受访者超过了70%；还有约45%的受访者则对"数字英镑"可能给金融环境带来的威胁表示担忧。此外，对政府权力的不信任也使得很多英国民众不愿相信数字形式的法定货币，他们担心有一天当局能轻易从他们的数字

① 指区块链网络里具有唯一性特点的可信数字权益凭证。

钱包中没收财产。

对于如英国一般的许多欧洲发达国家而言，真正阻缓其 CBDC 发行的并非技术原因，而是政治和法律上的其他因素。

四、法定数字货币在亚洲

亚洲经济体中，除中国外，新加坡、韩国、日本等也紧跟国际金融趋势，开展法定数字货币的研发工作。

（一）新加坡

新加坡是亚洲国家中对法定数字货币先行先试的代表之一，而由新加坡金融管理局（新加坡央行，MAS）推出的数字货币 Ubin 项目更是批发型数字货币的代表。它采用了与加拿大 Jasper 项目一样的数字存托凭证模式（Digital Deposit Receipt，DDR），旨在探索使用区块链和 DLT 进行支付和证券清算与结算的可行性。截至 2022 年 12 月，Ubin 项目已完成了为期五年的阶段试验工作，包括代币化新元、银行间支付和结算、跨境结算、跨币种结算等，并发布了相应的研究报告。此后，为了继续开展 Ubin 项目，MAS 又于 2022 年 11 月 3 日宣布了"Ubin+"项目，准备通过与国际合作伙伴的更多合作来提高 CBDC 的跨境连通性。

新加坡之所以将法定数字货币研究重点放在面向机构的批发型数字货币，而非面向公众的零售型数字货币上，主要是基于两个方面的考虑：其一是民众对于数字支付的接受程度不高，零售型数字货币并不具备市场基础。与瑞典不同，虽然新加坡也是一个金融业较为发达且金融创新水平较高的国家，但无现金支付接受度并不高。一项针对支付方式的调查显示，有76%的新加坡受访者表示，相较于移动支付，自己更倾向于使用现金、支票、银行卡等支付方式。其二是服务于特定支付场景的需求。由于新加坡境内的无现金支付以金融机构间大额交易为主，且对外贸易较为频繁，所以批发型法定数字货币能更好地服务于此，新加坡法定数字货币的特点见表9-2。

表9-2　新加坡法定数字货币的特点

特点	具体表现
数字化的支付	具有实时结算功能的中央银行数字货币
分散化处理	分布式和弹性的基础设施，没有单点故障
支付队列处理	统一的队列系统，具有优先级、保留和取消设施
交易的隐私性	只有相关方才能看到交易细节
清算的定论性	最终的、不可撤销的支付指令的结算，具有决定性和最终性
流动性优化	实施联网和拥堵解决算法，以最大限度提高流动性效率

新加坡的数字货币为其他国家在批发型央行数字货币方面的研究开创了范本，Ubin项目的试验也将对各国央行数字货币的研究带来积极影响，并将加速跨币种央行数字货币项目的推进。例如，MAS还与摩根大通（J. P. Morgan）和淡马锡（Temasek）合作开发了作为测试网络的支付网络原型，以促进与其他央行和金融业的合作，推动开发下一代跨境支付基础设施。

（二）日本

1. 数字货币"遍地开花"

作为亚洲的科技强国之一，日本国内上至政府下至企业，对于数字经济的敏感度都非常高，对于虚拟货币的接受度也很高。

政府层面，日本曾于 2016 年通过了《资金结算法（修正案）》，正式将包含比特币在内的"虚拟货币"纳入法律规制的体系——在日本金融厅的监管之下，日本政府以立法的形式承认了虚拟货币作为正规支付手段的身份。日本当局的这种开放态度使得比特币等虚拟货币交易在日本十分盛行，截至 2021 年 5 月，全球 300 余家虚拟币交易所中有 27 家在日本金融厅注册登记。

企业层面，早在 2017 年，日本三菱日联金融集团（MUFG，Mitsubishi UFJ Financial Group）旗下的三菱东京日联银行就曾提出过独立发行数字货币的构想。这款数字货币被命名为"MUFG 币"，定位为零售型货币，能够与作为法定货币的日元等价兑换。最初用户仅限于 200 名银行内部职员，他们可以通过智能手机 APP 或银行 ATM 从自己的银行账户中提现 MUFG 币，并在内部食堂用其进行付款。到 2017 年下半年，随着实验范围的不断扩大，能够使用 MUFG 币的员工人数增加到 27 000 名。

2. 日本推行 CBDC 的动力

随着 CBDC 国际实践热度的上升，尤其是数字人民币发展进度的迅猛，日本也不得不开始着手关于央行数字货币的新一轮布局。2020 年 10 月，日本银行发布了一份数字货币报告，报告中称："考虑到技术创新的快速发展，未来公众对 CBDC 的需求有可能激增。从确保整个支付和结算系统的稳定性和效率性的角度来看，必须充分准备以应对情况的变化"。学者解读这份报告，认为"日本在这个时间节点提出数字货币实验，主要还是想参与到目前日趋激烈的数字货币国际竞争当中去"。事实也确实如此，日本与前面介绍过的许多有着迫切开发CBDC需求的国家不同。

总结各国央行积极加入CBDC研发试点实践的原因，无外乎四类：一是为推动国内的金融普惠；二是为应对不断下降的现金使用率；三是为提振国内经济，降低传统纸币、硬币的管理成本；四是为"去美元化"做准备。而日本金融基础设施完备、民众现金使用率高、支持多样化的虚拟货币支付手段……日本在上述这四个方面似乎都没有太为迫切进行改善的现实需求，那么，推行CBDC试点的动力主要来自哪里呢？看看日本政界对于CBDC的看法，或许就不难找到这个问题的答案了。

2019年，日本自民党"规则形成战略议员联盟"曾提出，数字人民币的发行可能会长期影响中美霸权之争，日本应认真探讨应对之举。2020年2月，该组织继续对数字人民币在"一带一路"地区的"渗透"表示担忧，并再三督促日本银行、财务省以及金融厅尽快推进日元数字化的建设。2020年6月，自民党金融调查会又在一项关于央行数字货币的研究方案中强调了"数字人民币威胁论"，指出中国一旦掌握CBDC技术标准，将会"威胁"日本安全保障，因此"为确保国际货币体系安全，日本应当与美国联手，在货币数字化领域有所作为"。

3. 日本CBDC项目的进展

为保障CBDC的顺利研发与落地，日本央行不仅从法律层面详细探讨了在现有框架下发行央行数字货币可能面临的问题，还在技术上与欧洲央行开展了针对批发型央行数字货币的试验，分阶段对系统效率和可选技术的兼容性等问题进行了测试。2021年4月5日，日本银行宣布将开始数字货币的实证实验。该项目大致分为三个阶段：第一阶段创设完整的数字货币支付、结算系统，并在此系统上验证货币发行、流通等基本功能；第二阶段开展更加复杂条件下的功能测试，如给数字货币附加利息、设定最高限额等；第三阶段选择一定区域发行数字货币，对流通中的数字货币在实际操作中出现的问题进行不断完善等。

与美国一样，日本加入 CBDC 队伍主要是出于国际竞争（尤其是与中国数字人民币之间竞争）的考量。关于"主导 CBDC 技术国际标准"的主张几乎贯穿了日元数字化项目的全过程。这对于我国的数字人民币建设而言，是警示更是动力。

五、法定数字货币在非洲与大洋洲

（一）尼日利亚

尼日利亚是非洲较早试行 CBDC 的国家之一。2021 年 10 月 25 日尼日利亚央行推出了本国的法定数字货币——电子奈拉（e-Naira）。在定位设计上，e-Naira 是尼日利亚法定货币奈拉的数字形式，它与实物奈拉挂钩，并受尼日利亚央行直接监管。在技术设计上，e-Naira 以电子钱包的形式运作，用户可以使用其银行账户中的资金进行抵押。

1. 在期待中降生的电子奈拉

尼日利亚急着推出 e-Naira 的主要原因有两个：一是国内严重的通货膨胀；二是本国深受私人加密数字货币泛滥的困扰。

鉴于此，尼日利亚政府寄希望于发行一种新型货币来应对上述难题。与私人加密货币相比，e-Naira 具备"有迹可查"的特性，而这将带来两方面好处：一是有利于打击非法资金流动，维护国家金融安全。如果 e-Naira 被普及，那么地下钱庄、网络炒汇等违法行为将无处容身，博科圣地等恐怖组织也会受到打击。二是便于管理非正规经济，扩大政府税收基础。e-Naira 的设计目标之一就是为了防范偷税漏税，帮助尼日利亚政府增加收入，渡过难关。

2. 项目效果

e-Naira 项目自设想提出起就不被国际社会所看好，而事实也证明了，这是一项失败的法定数字货币计划。

首先，由于尼日利亚的通信网络基础设施薄弱，有许多地区根本无法享受到互联网服务，因而 e-Naira 的推行一开始就遭遇了巨大的数字鸿沟阻碍。其次，由于技术水平落后，e-Naira 的配套应用程序十分不完善，一问世就遭遇各类投诉，相关的安卓版 APP 甚至一度被谷歌商店下架。再次，在货币调控方面，由于尼日利亚的金融监管与调控水平十分有限，e-Naira 的发行总量不受控制，这并不能从根本上缓解国内的通胀压力。最后，更糟糕的是，多年来的社会政治动荡，已经使得尼日利亚人对自己的政府极度不信任，继而对 e-Naira 的接受度也非常低；相比法定货币奈拉，民众甚至更愿意相信比特币等加密货币的稳定性。

从本章的介绍可以看到，与尼日利亚一样在 CBDC 试水过程中折戟的国家不在少数。这些国家用惨痛的经验教训证明了一点：CBDC 纵然有再多优点，也不是提振经济、整顿市场的万能良药。一个不具备良好金融环境、成熟市场的国家，贸然尝试发行法定数字货币的后果可想而知。

（二）澳大利亚

澳大利亚政府一开始对数字货币持十分谨慎的态度。澳大利亚政府曾于 2018 年 4 月通过一项数字货币交易新规计划，要求数字货币交易平台需在符合反恐融资和反洗钱合规报告义务的基础上，对所有交易进行官方注册，若未经注册提供数字金融服务的，则很可能会面临刑事指控与处罚。

随着近年来各国央行普遍对法定数字货币表现出的积极态度，澳大利亚的态度也逐渐松动，开始通过试点项目探索一种被称为 e-AUD 的数字版批发澳元。该项目除澳大利亚储备银行（RBA）外，还有包括澳新银行（ANZ）、联邦银行（CBA）等 14 家商业银行，以及其他金融机构和支付公司的参与。虽然都是为了试点开发技术系统以及研究 CBDC 的风险，但是与中国的 e-CNY 定位不同，e-AUD 主要面向的是成熟批发市场，而不是零售市场。目前，澳大利亚央行宣布将针对 e-AUD 试点逐步开展包括线下支付、数字资产交易、外汇交易等领域的场景开发与应用。

第二节　央行法定数字货币的国际合作

随着越来越多的国家参与到法定数字货币的讨论和研发队伍中来，国际社会对于 CBDC 的讨论也不再是"要不要""该不该"，而是"谁先研发""谁先落地"的问题。在这一领域的角力，已然成为数字经济时代对又一战略高地的争夺。

一、央行法定数字货币与国际组织

从央行法定数字货币的提出到陆续落地，许多国际组织对这一新事物所表现出的支持态度也愈发鲜明。

国际清算银行（BIS）很早就已经参与到 CBDC 的讨论和研究活动之中，除了曾多次发布对全球主要央行开展 CBDC 研发情况的调研报告外，还于 2019 年 6 月成立创新中心，将 CBDC 研发作为其重点工作之一。

面对全球讨论 CBDC 的优势与挑战，2019 年，国际货币基金组织（IMF）发布《中央银行数字货币：四问四答》一文，旨在通过一系列的跨境调研，为各国实施相关政策提供信息支持。2020 年 1 月，IMF总裁克里斯塔利娜·格奥尔基耶娃（Kristalina Georgieva）更是直接宣布将研发法定数字货币作为 IMF 的首要任务。

世界经济论坛（WEF）在达沃斯论坛期间，宣布将与 40 多家央行、国际组织、金融机构等合作创建 CBDC 政策制定者工具包，为各国央行在评估、设计和部署 CBDC 时提供技术帮助。从长期来看，WEF 还将吸引多国央行与金融监管机构、金融研究机构等，组建智囊联盟，共同构建一个稳健的数字货币治理框架。

二、央行数字货币开展的国际合作

央行数字货币有两种不同类型：零售型和批发型。虽然两种类型的央行数字货币都可以被用于跨境支付，但两者的应用逻辑却截然不同。

使用零售型央行数字货币进行的交易，严格意义上来说不存在境内、跨境和离岸的区别。用户即使身处境外，也无须关联境内银行存款账户，可以和境内用户一样，仅仅需要开立一个央行数字货币钱包就可以进行数字货币支付与交易。而这些交易，又可以在任意两个用户的钱包之间直接点对点进行，不用依赖任何代理银行网络。所以对于零售型央行数字货币在跨境支付中的应用，国际主要关注此类货币对境外国家货币的替代问题、机构间大额交易的限额问题、境外用户如何获取央行数字货币的问题，以及能否用外币兑换央行数字货币的外汇管理问题等。

批发型央行数字货币的持有和使用仅限于中央银行和一些经央行授权许可的商业银行或其他金融机构，因此普通的个人、企业是不能够使用此类货币直接与境外相关主体进行交易的。换句话说，在使用批发型央行数字货币进行跨境支付时，用户之间不能直接实现点对点操作，而需要有代理银行的参与。与零售型央行数字货币相比，批发型央行数字货币既不会影响境外国家的货币主权，又能够支持大额跨境交易，因此目前在各类国际合作中更受重视。

（一）零售型央行数字货币合作项目

数字人民币作为零售型央行数字货币的代表，近年来在中国政府的积极推动下，已经开展了多项国际合作项目。例如，2023年5月4日，法国巴黎银行（中国）有限公司宣布将与中国银行合作进行一项有关数字人民币钱包的银行间业务场景的推广项目。根据该项目计划，在第一阶段，法国巴黎银行将与中国银行实现系统对接，开展直连业务合作，并上线数字人民币"对公钱包"等基本功能，以满足企业数字人民币支付等业务的需求。在之后的阶段，两家银行还将进一步探索更为深入的线下业务拓展合作，谋求在线下支付、供应链金融、公共事业支付、智能合约、跨境结算等场景的合作创新。

（二）批发型央行数字货币合作项目

批发型央行数字货币的合作试验项目已有很多，具有代表性的包括 Stella 项目、Jura 项目等。

1. 日本和欧洲央行联合开展的 Stella 的项目

2016 年 12 月，欧洲央行联合日本央行推出了一项 CBDC 项目，并将之命名为 Stella，旨在通过区块链技术为跨境支付提供解决方案。该项目主要针对分布式账本技术（DLT）在支付系统、证券结算系统、同步跨境转账、平衡机密性和可审计性等领域的适用性进行探索。经过四个阶段的研究，Stella 项目得出了许多有着较高实践价值的结论。例如，该项目在其第四阶段的报告中指出：在应用于支付系统时，基于 DLT 的解决方案有潜力来增强其可靠性；在应用于同步跨境转账时，通过使用同步支付和锁定资金的方法可以提高跨境转账的安全性等。

2. 法国与瑞士联合发起的 Jura 项目

2021 年 6 月 10 日，法国央行与瑞士央行联合宣布，将发起一项名为 Jura 的项目，旨在对批发型数字货币（wCBDC）的跨境结算进行试验。除两家央行外，项目参与者还包括瑞士联合银行、瑞士信贷、法国国家银行、瑞士证券交易所运营商、金融科技公司 R3 以及国际清算银行创新中心等。由于本次试验并不关注 CBDC 在日常公共交易中的使用，而主要关注银行间的批发贷款市场，因此 Jura 被称为欧洲首个央行数字货币跨境支付探索的项目。

在技术设计上，Jura 项目通过构建分布式账本技术（DLT）第三方平台，将欧元和瑞士法郎以及一种代币金融工具应用于跨境结算。通过欧元 wCBDC 与瑞士法郎 wCBDC 之间的兑换交易，Jura 项目极大扩展了参与国央行数字货币的适用范围，同时还简化了银行的流动性管理，降低了跨境支付结算的成本。

（三）多边央行数字货币桥项目

批发型央行数字货币的跨链技术主要依赖于一个多方合作机制——哈希时间锁（HTLC）。而在一些国家的跨境试验（Stella 和 Ubin—Jasper）中，这一技术被证实可能在一定条件下失效，无法达到规模经济效果。为了解决这个问题，"多边央行数字货币桥"的概念被提了出来。

多央行数字货币桥项目（m-CBDC Bridge 项目）的前身是 2019 年由中国的香港金融管理局（HKMA）与泰国的央行（BOT）联合发起的一个有关央行数字货币批发的项目，原来的项目名称叫作 Inthanon—LionRock[①]。在中国人民银行数字货币研究所于 2021 年 2 月与阿联酋央行一起正式加入后，该项目不久便更名为"m-CBDC Bridge"。这个项目的主要目标有两个：一是通过开发试验原型，进一步研究分布式账本技术，实现央行数字货币对跨境交易全天候的同步交收结算，以便利跨境贸易场景下的本外币兑换；二是进一步构建有利环境，让更多亚洲及其他地区的央行共同研究和提升金融基础设施

---

① 该项目的目标是试验如何促进中国香港银行和泰国银行之间的港元对泰铢的"支付对支付"交易。

的跨境支付能力，以解决跨境支付中的效率低、成本高及透明度低等
难题。

在技术上，m-CBDC Bridge 将不同国家的批发型央行数字货币集
中映射到一个共用的走廊网络之中，在这个网络里，无论多少个国家
参与，其都能够很好地实现规模经济。

第三节   数字人民币的国际化

近些年来，中国一直致力于推进人民币国际化进程，但与中国对
世界经济增长的贡献相比，人民币的国际化程度和国际影响力至今仍
处于较低水平。如今，数字人民币的出现给人民币国际化带来了新的
契机。

一、传统人民币的国际化困境

多年以来，美元作为全球主要储备货币的超级霸权地位之所以难
以撼动，与美国自身软硬实力以及在国际金融体系中强硬的话语权息
息相关。为了与美国争夺国际储备货币的主导权，欧元、英镑、日元
等的所有国都付出了极大的努力，而对于中国这样刚刚在经济上崛起
的大国来说，要想让人民币在国际竞争中占有一席之地，绝非一日之
功。目前阻碍我国传统人民币国际化的因素主要有三个。

第一，如果说货币国际化是国家强大后国际市场的自然选择，那

么目前我国人民币的竞争短板之一，就在于自身的经济软硬实力还不够"硬"。作为全球货物贸易第一大国，自加入WTO以来，我国的经济增长对外部市场和进出口贸易的依赖度都极高，在金融、科技等服务领域的国际竞争优势并不明显，如2022年金融和信息技术服务业在GDP中的占比不足12%。相比之下，美元已经完成了与石油等大宗资源类产品以及芯片、人工智能等高新科技产品的挂钩，其竞争优势很难被超越。

第二，根据经济学上的"不可能三角"理论，任何国家在稳定的汇率、独立的货币政策、可自由兑换的货币这三者之中，只能同时实现两项。为了保证国家经济安全，中国选择了前两者，因此目前人民币只能实现在资本项下的可兑换。"资本项下可兑换"指的是，中国的进口商可以将人民币兑换成美元，从而购买美国的产品，或者将商品卖给美国后，将收到的美元货款兑换回人民币。"资本项下不可兑换"指的是，中国的老百姓不能把自己的房子直接用美元计价卖给美国人，也没办法在中国的证券交易所买入以美元计价的股票。前者属于按需兑换，要遵从我国外汇管制的相关制度。也就是说，国际资金在中国的跨境流动是受到严格管控的。这也让人民币成为国际货币多了一个阻碍。

第三，事实证明，一个国家如果仅靠自身经济规模体量庞大，但缺乏与之匹配的国际金融体系话语权，那么它的货币也很难被全球市场所接受。这一点上，欧元就是一个鲜活的例子。当前，无论是国际货币基金组织还是世界银行，仍处于美国等西方发达国家的绝对主导之下，中国尚没有国际金融体系话语权。

二、数字人民币国际化的必要性

数字人民币的出现虽然不能解决传统人民币国际化所遇到的所有困难，但却能为数字人民币国际化这项浩大的工程注入新鲜的动力。

首先，数字人民币的到来，为我国人民币国际化在 CBDC 赛道上开辟了新的天地。抛开一些传统货币的话语体系，数字人民币的设计和推广建立在许多此前从未有过的规则和技术体系之上，只要把握好机会，就能够进一步提升人民币在国际竞争中的话语权。此外，在数字人民币的研发之路上，中国与世界银行、国际货币基金组织、世界贸易组织等都保持着良好的合作关系，这有利于中国参与 CBDC 相关国际规则的制定。并且中国能向其他国家提供研发法定数字货币的经验、应用场景的经验等，由此能够进一步提升人民币的国际影响力。

其次，数字人民币作为贸易大国主权数字货币的代表之一，能够成为国际贸易、跨国资本流动、跨国产业投资的计价、支付和结算手段，并能够在国际社会中扮演重要的储备货币角色。数字人民币的发行、流通和国际化，能够推动人民币承担起"为中国人民和世界人民服务"的货币职能。若中国在未来与更多的伙伴国签订双边货币互换协议，那么人民币在国际贸易、金融交易流通量和国际储备中的份额得以提升，人民币跨境支付系统就会有更大的应用市场。

再次，数字人民币的发展也会在一定程度上丰富央行货币政策的工具箱，使得中央银行的数据信息获取量成为巨大的数字资产，也就是说可以利用技术优势、数据优势和先进的设计理念来提升数字人民币的国际地位。未来的数字人民币需要在兼顾人民币信用的基础上，研发新的技术方案和设计理念，以应对越来越多的应用场景，提高人民币在国际上的接受度，以促进人民币国际化。

最后，数字人民币的发展有助于维持货币政策的独立性和币值稳定。从英镑、美元、日元、欧元等货币的国际化经验和教训看，在实体经济健康发展的前提下，货币国际化成功与否的关键是其价值是否稳定。币值稳定才能稳定国际社会预期，才有助于各国接受该货币作为国际支付、结算、投资和储备的货币。数字人民币作为更安全的电子支付工具，其发展能够加快金融资产转换的速度，保持人民币的价值稳定。

三、数字人民币国际化的挑战

作为新生事物的数字人民币在推广试点的短短几年间，已经充分向世人展示了它的无限潜力，然而，在国际化路途上，人民币国际化成功与否的衡量标准，归根结底是其本身的使用份额有否增加，而不仰赖于其数字化水平。从数字人民币设计之初被定位为主要适用于国内小额零售的那一刻起，数字人民币的国际化就注定了不会一帆风顺。过去传统人民币国际化所遭遇的重重阻碍也同样适用于数字化的人民币。事实上，除了面临传统人民币国际化中遇到的各种问题之外，数字人民币的国际化还将遇到针对其自身特点的多重挑战。

1. 跨境使用风险

虽然从技术条件上来说，数字人民币已经初步具备了跨境使用的条件，但在具体实施过程中，相关配套制度的不完善也将给跨境使用安全埋下隐患。

首先，在区块链技术支持下，一旦数字人民币得以进行大规模的跨境使用，如在短期内出现集中的大额资金流出，不仅会对我国目前的外汇管理制度提出严峻的挑战，而且极有可能干扰我国货币政策的执行，甚至还会对国家金融体系造成影响。

其次，在数字人民币交易系统中，我国相关部门对境外开户主体进行尽职审查和履行"三反"义务（即反洗钱、反恐怖融资、反逃税）的难度则会大大增加。

最后，数字人民币小额匿名的交易特点，也可能被少数不法分子利用，以"蚂蚁搬家"的方式逃避监管，使不法资金流向境外。而对于那些大额交易来说，由于数字人民币的所有交易数据中心化管理的特点，如何在跨境交易中建立起一套完善的个人隐私与用户数据安全保障制度这一问题也亟待解决；如果此项配套制度不健全，也将会极大地影响部分境外交易者选择使用数字人民币的积极性。

2. 网络技术风险

数字人民币的稳健运行，需建立在一套安全可靠的网络技术架构之上。在数字人民币与境外数字货币的对接过程中（如国际结算时），一些技术性漏洞有可能会使其成为一些网络黑客的攻击目标，进而导致系统性风险。

3. 来自竞争对手的风险

除了国际金融市场中已经广泛存在的各类数字货币外，从世界主要经济体已经紧锣密鼓地开展各种法定数字货币研发活动的现实中不难看出，数字人民币今后面对的国际竞争将会异常激烈。与传统货币为基础的金融市场秩序不同，数字时代的全面来临也为旧的金融监管体制带来了无穷无尽的不确定性。也许在不远的将来，形形色色的数字货币，就会依托于各种不同的技术路径、交易规则、交易平台……

来到我们的身边。而这些不论是对我们的认知还是风险防范能力，都是极大的考验。

四、数字人民币国际化的现实基础

尽管数字人民币的国际化道路仍需进一步探索，但从我国目前进展顺利的数字人民币试点地区情况来看，它确确实实可以在许多方面助力人民币的国际化进程。

（一）拥有全世界最大的应用群体

数字人民币在国际竞争中最明显的优势就是，我国数字人民币拥有庞大的应用群体。作为全球互联网应用第一大国，中国拥有全球最多的网民，他们都将成为数字时代法定数字货币使用的潜在群体。截至 2022 年年底，数字人民币交易金额已超千亿元，这一体量在全球范围内都是首屈一指的。与此同时，在庞大市场用户体量的支持下，数字人民币实践场景得以更好地进行开发和创新，最终实现在 B 端、C 端以及 G 端的全面开花。

（二）拥有良好的电子支付基础

在数字人民币推出之前，中国的民众对于支付宝、微信等借由第三方支付平台进行的电子支付早已十分熟悉。仅 2021 年一年，中国银行就处理了电子支付业务 2 749.69 亿笔。不论是菜市场、超市还是行政办事大厅，掏出手机扫一扫即可支付的方式已经成为中国老百姓的生活常态。如今，微信、支付宝等都已加入了数字人民币受理网络，这在不改变消费者使用习惯的前提下，进一步扫清了推广数字人民币的阻碍。

（三）拥有相对成熟领先的配套技术

作为最早启动 CBDC 研发的几个国家之一，我国对于数字人民币的试点研究工作已经积累了大量的前期经验。从目前各地的试点成效来看，我国在更大范围内推广数字人民币的条件已经相对成熟。与此同时，随着 5G 网络的推广普及，覆盖全国绝大多数地理空间单元的互联互通的高速互联网与物联网体系正日益形成和完善，为数字人民币发行与流通打下了相对扎实的技术基础。

（四）应对美国经济制裁的一个选择

数字人民币作为我国的法定数字货币，有关交易信息无须向外国当局公开披露，这使得采用数字人民币进行的交易更容易隐蔽地绕过他国发起的经济制裁[①]。随着当下俄乌冲突的不断升级，国际局势变得越来越错综复杂。为应对美国经济制裁，俄罗斯、土耳其等国开始选择中国的跨境银行间支付系统（CIPS）作为替代 SWIFT 系统（美国的许多金融制裁手段主要通过该系统实施）的选项。此外，一些国家还在尝试开发 CBDC 的互操作技术与架构（不同 CBDC 之间可以实现兼容整合以及数据交换）的技术，而这也将进一步促使数字人民币更快地加入跨境交易结算货币的行列。

---

① 美国《2021 年财政部制裁评论》指出：数字货币、替代支付平台和隐藏跨境交易的新方式等技术创新都有可能降低美国制裁的效力。

五、数字人民币国际化之路展望

尽管我国一再表示，开发数字人民币主要是利用其零售型货币的身份服务于国内，但毋庸置疑的是，数字人民币完全有潜力在人民币国际化以及地缘经济领域变革方面发挥重要作用。

数字人民币作为信用货币，其国际化的推动效果主要还是受我国经济金融实力及资本流动管理等影响，金融科技在中短期内对人民币国际化的加持作用并不一定明显。但从长期来看，在我国经济体量大、金融市场发达、资本流动相对自由的前提下，数字人民币的发行和流通将有助于增加境外主体对数字人民币的需求，进而促进数字人民币的国际使用，推进人民币国际化。中国人民银行等相关部门要充分发挥数字人民币在跨境支付方面的潜力，继续加强"多边央行数字货币桥"等跨境支付体系设计方面的合作，在充分考量风险的前提下拓展数字人民币的更多功能和应用场景，为中国人民银行应对外币替代、金融制裁和加强货币主权开辟新的道路。

（一）数字人民币与多边央行合作

目前数字人民币参与的最具代表性的多边央行合作项目就是前文提到过的 m-CBDC Bridge 项目。除了能够帮助中国与他国央行建立良好的合作伙伴关系之外，这个项目就技术设计上而言，将十分有利于我国今后高效地参与到各类商业的批发跨境交易中去。

具体而言，作为多边央行之间的合作项目，m-CBDC Bridge 项目测试将包含各种不同金融实体（例如中央银行、商业银行、公司和交易所等）的多货币（如人民币、泰铢等）交易，并且这些交易都与国内的支付网络接口。假设有一家中国银行 A，如果它要和中国国内的其他银行之间进行转账，只需要在中国的银行网络中以数字人民币的形式进行即时结算即可。而如果银行 A 想要和国外这些 m-CBDC Bridge 项目参与国的银行进行跨境转账业务，那么它可以利用这个项目建立的走廊网络保留暂时的外币余额，并使用项目成员国所推出的任何一种 CBDC 进行交易，然后在当天结束时将持有的 CBDC 兑换回数字人民币即可。

由于阿联酋等国加入，一旦该项目成功落地，今后我国将能够更为高效便利地使用数字人民币交易石油、天然气和其他商品，这对于促进我国与他国之间规模巨大的国际资本流动有着立竿见影的积极效果。

（二）数字人民币与粤港澳大湾区

2020 年 8 月 14 日，商务部发布《关于印发全面深化服务贸易创新发展试点总体方案的通知》，提出要在京津冀、长三角、粤港澳大湾区及中西部具备相关条件的地区开展数字人民币试点工作。随后，为推动内地与香港合作，我国在香港地区进行了数字人民币跨境支付方面的测试，测试内容除了正常的支付交易外，还包括以"转数快"的方式从香港银行直接转款到钱包。至 2022 年，粤港澳城市群中已有多个重点城市被列为数字人民币试点地区，数字人民币场景创新举措层出不穷。其中，广州、深圳等粤港澳大湾区核心城市已围绕数字人民币的使用场景进行了多种尝试。例如，为了鼓励包括港澳人士在内的灵活就业人员使用数字人民币办理住房公积金存缴业务，广州住房公积金管理中心于 2022 年在南沙管理部开设了专门办理数字人民币业

务的窗口；深圳则于同年建立了全国首家粤港澳大湾区数字人民币应
用展示中心。

目前，更多关于数字人民币在粤港澳地区跨境应用的具体部署也
已纷纷落地。例如，中国人民银行已经着手部署数字人民币在香港地
区的快捷支付系统，香港地区的消费者将能够直接使用电子钱包中的
数字人民币进行消费，而商家则以港元接收相应的付款。

可以预见，粤港澳大湾区将成为数字人民币开拓新功能业务的巨
大潜力市场。同时，该地区也完全有条件发挥数字人民币的独特优势，
为人民币国际化提供巨大机遇。

（三）数字人民币与"一带一路"倡议

中国通过对外基础设施投资、大宗商品进出口贸易等渠道不断提
升了"一带一路"沿线国家和地区对于人民币的接受度，为在境外推
行数字人民币奠定了良好的市场基础。首先，中国较为完整的产业链
以及丰富的产品市场可以满足"一带一路"沿线国家和地区的主要贸
易需求。而数字人民币则可以为其提供更加便捷、高效、安全的支付
结算渠道，这也能够促进数字人民币成为中国对"一带一路"沿线国
家和地区进行贷款和直接投资的主要货币。其次，"一带一路"沿线
的国家和地区，可以借助数字人民币共享信息，降低信息不对称带来
的投资失控风险和产业投资结构风险。最后，在"一带一路"沿线国
家和地区基础设施的建设过程中，中国也可以与当地国家和地区合作，
推进更多的数字基建，通过打下设备基础来促进人民币"走出去"。

（四）数字人民币与 RECP

我国可以利用 RECP 正式签署的契机，与内部成员国签订货币互

换协议，并通过投资的自由化和便利化推动数字人民币国际化进程。RECP 全称为 Regional Comprehensive Economic Partnership，是由中国、日本、韩国、澳大利亚以及新西兰等 15 个国家正式签署的《区域全面经济伙伴关系协定》。RECP 是目前全球范围内涵盖人口最多、最具潜力的自由贸易协议，不仅在货物贸易、原产地规则以及海关程序与贸易便利化等方面作出了规定，还就服务贸易、投资领域等方面作出了规定，无疑会大大提高我国的对外开放水平，促进区域经济一体化水平。同时，这也可以积极吸引国外投资者到国内投资，使其享受更优惠的投资条件和更丰厚的投资回报，以逐步增加国外市场主体对人民币和数字人民币的真实需求，为数字人民币国际化进程的顺利推进提供有效的市场基础。

（五）数字人民币与石油贸易

美元在石油的进出口贸易结算中占据主导地位，这极大地推动了美元的国际化发展。中国是全球最主要的石油消费大国之一，近年来的石油年消费总量和年增长量已连续多年排名全球第一或第二。2021 年中国与伊朗签署的《中伊 25 年全面合作协议》明确提出，中伊之间的石油结算将使用人民币作为结算货币。早在 2012 年的亚太经合组织峰会期间，中国就已与俄罗斯达成中国可以用人民币购买任意数量石油的共识。可见，人民币在石油结算中已经占据一席之地。数字人民币带来的技术优势将进一步提高石油贸易中人民币的结算比例，因为数字人民币能够提高效率、使得交易更加透明、更加保障交易安全、减少信息不对称的问题。

（六）数字人民币与低碳经济

我国近年来一直致力于构建绿色低碳、可持续发展的现代能源体系，并于 2020 年 9 月明确提出了"2030 年前碳达峰、2060 年前碳中和"的"双碳"目标。自"一带一路"倡议提出以来，中国与"一带一路"沿线国家和地区都十分重视绿色、低碳、可持续能源的合作。法定货币数字化有利于提升能源合作的投资便利化程度。并且，众多的民间资本也可以通过加入丝路基金开立的数字人民币钱包，更便利地介入能源项目。这不仅有利于解决新能源基础设施项目投资周期长、资金需求量大的问题，而且便于政府部门运用数字人民币的全生命数据对民间资本实施有效监管，进而有利于能源合作项目的稳步推进。

2023 年 5 月，邮政储蓄银行广西分行成功在南宁市落地了全国首笔"碳减排支持工具+可持续发展挂钩+数字人民币贷款"场景业务，为广西某能源有限公司发放光伏发电项目贷款。该项目预计年均发电量达 807.79 万 kWh，与传统火电项目相比，每年可有效减少二氧化碳排放 8 053.64 吨。"碳减排支持工具"是中国人民银行针对清洁能源、节能环保、碳减排技术领域推出的再贷款支持工具。例如，此次项目贷款的利率被设置为与可持续发展绩效目标相挂钩，只要贷款企业的项目环保成果达到预定目标，就可以享受利率不变的优惠；反之，则第三个计息年度的利率将上调 5BP①。

---

① BP 是 Basis Point 的简称，意为"基点"。一个利率基点就是 0.01%，利率上调 5BP 即为上调 0.05%。

结束语

在各式各样的数字货币搅动全球金融风云的今天，数字人民币的横空出世不仅填补了我国在法定货币数字化领域的空白，还赋予了我们走在全球法定数字货币规则制定前沿的能力。不管我们有没有使用过数字人民币，它就在我们身边，潜移默化地给生活带来了改变。

数字人民币是领先的，它迎合了数字化时代人们对于传统货币技术改革的基本需求，为市场提供了一种全新的更为高效、便捷、安全的支付方式。

数字人民币是美好的，它凭借巨大的技术优势推动着我国普惠金融的发展，以包容的姿态将老人、儿童、残疾人士等这些传统意义上的"金融弱势群体"纳入全新的金融服务体验之中，让他们得以更好地享受数字科技带来的舒适生活。

数字人民币是创新的，通过不断地试点与推广，它正以极其高效的方式进行着自我变革与创新。越来越多新技术、新场景、新制度的出现，为数字人民币大厦的建设打下了坚实的基础。

数字人民币是开放的，作为全球化战略下诞生的产物，其在一定程度上还肩负起推动人民币国际化进程的使命。通过积极广泛的国际合作，数字人民币必将在国际舞台上发挥越来越重要的作用。

当然了，数字人民币不是万能的，它既无法代替传统货币解决所有问题，也无法为人民币国际化找到捷径，还有可能被不法分子钻空子并用于犯罪。好在这些问题已经引起了数字人民币运营、监管机构以及国家司法机关的重视，通过不断完善与健全配套制度、继续加大对相关软硬件设施的建设投入、持续严厉打击涉数字人民币的违法犯罪行为，数字人民币将作为传统法币的有益补充，与其他数字金融产物一起，共同绘制中国特色数字金融改革的宏伟蓝图。

数字人民币就是这样一个多面的新事物，它虽诞生于顶层设计，却切切实实地下沉到生活、服务于大众；它虽依赖系统科学的技术网络，但具体应用的方法原理却并不艰深难懂。在数字时代全面来临的今天，普通老百姓想弄懂它的原理、掌握它的用法，是一件简单且十分必要的事。也许在不久的将来，使用数字人民币将如同吃饭、睡觉一样，成为我们日常生活必不可少的一部分。让我们拭目以待吧！

参考文献

期刊：

贾丽平，2013. 比特币的理论、实践与影响［J］. 货币理论与实践
  （12）：14-25.

黄莺，2023. 数字美元的最新进展及挑战［J］. 国际经济合作（1）：
  14-26.

王卫国，2012. 现代财产法的理论建构［J］. 中国社会科学（1）：140-
  162，208-209.

刘典，2021. 数字人民币：数字经济的生态重构与全球竞争［J］. 文
  化纵横（1）：40-48.

杨东，马扬，2019. 天秤币（Libra）对我国数字货币监管的挑战及其
  应对［J］. 探索与争鸣（11）：75-85.

宋爽，刘东民，2019. 法定数字货币应用场景下的央行和商业银行职
  能转变［J］. 银行家（2）：87-89.

刘向民，2016. 央行发行数字货币的法律问题［J］. 中国金融（17）：
  17-19.

尹振涛，潘拥军，2020. 我国金融基础设施发展态势及其统筹监管
  ［J］. 改革（8）：92-101.

马强，秦琳贵，代金辉，2020. 中国金融科技：面临障碍与发展路径
　　［J］. 经济体制改革（1）：170-175.

益言，2021. 2021 年全球央行数字货币研究进展综述［J］. 中国货币
　　市场（11）：70-73.

钟红，彭雅哲，2021. 美国央行数字货币发展态势［J］. 中国金融
　　（9）：85-87.

封思贤，杨靖，2020. 法定数字货币运行的国际实践及启示［J］. 改
　　革（5）：68-79.

陈伟光，明元鹏，2023. 国家金融安全视角下 SWIFT 系统与央行数字
　　货币：发展路径与逻辑关系［J］. 经济学家（2）：56-66.

崔杰，2021. 人民币数字货币与境外数字货币对接的风险防范研究：
　　基于人民币国际化视角［J］. 财会通讯（18）：143-146.

刘瑞，2021. 日本央行数字货币的制度设计及政策考量［J］. 日本学
　　刊（9）：83-117.

吴优，陈茜茜，葛红玲，2022. 央行数字货币的国际实践比较［J］.
　　科技智囊（6）：22-30.

赵拥军，2023. 论盗窃数字人民币犯罪的认定问题［J］. 理论探索
　　（1）：121-128.

图书：

宝山，文武，2018. 法定数字货币［M］. 北京：中国金融出版社.

白津夫，葛红玲，2021. 央行数字货币理论、实践与影响［M］. 北京：
　　中信出版社.

陈耿宣，景欣，李红黎，2022. 数字人民币［M］. 北京：中国经济出
　　版社.

电子文献：

人民网. 比特币成了"数字黄金"经济透视［EB/OL］. (2017-05-26)［2023-05-11］. http://world. people. com. cn/n1/2017/0526/c1002-29300637.html.

新浪网财经频道. Mt. Gox 平台比特币风暴再起暴跌 50% 至 113 美元［EB/OL］. (2014-02-21)［2023-05-11］. http://finance.sina.com.cn/money/lczx/20140221/093118289557.shtml.

环球时报. 萨尔瓦多使用比特币引发市场震荡［EB/OL］. (2021-09-09)［2023-05-11］.

得得周报. 全球数字货币总市值较上周下跌约 7.78%［EB/OL］. (2021-11-30)［2023-05-11］. https://www. 360kuai. com/pc/96c47ead4db89fe75? cota＝3&kuai_so＝1&sign＝360_7bc3b157.

澎湃新闻. "礼享罗湖"促消费活动再次开启，面向在深个人发放千万元数字人民币红包［EB/OL］. (2020-10-08)［2023-05-11］. https://www.thepaper.cn/newsDetail_forward_9488264.

搜狐新闻. 英国央行宣布发布数字货币 RSCoin 代码并进行测试［EB/OL］. (2016-03-11)［2023-05-11］. https://www. sohu. com/a/63006559_286863.

网易新闻. 坐公交 3 万亿，100 万亿只能买 3 个鸡蛋，津巴布韦经济被什么掏空了［EB/OL］. (2022-04-22)［2023-05-11］. https://www.163.com/dy/article/H5IJAAMH0543LPX8.html.

腾讯新闻. "数字消费"盛宴来袭！双 12，嗨购相城！［EB/OL］. (2021-12-10)［2023-05-11］. https://new. qq. com/rain/a/20211210A0DN5G00.

人民网. 数字人民币"硬钱包"来了！可视卡首亮相［EB/OL］. (2021-01-06)［2023-05-11］. http://yn.people.com.cn/n2/2021/0106/c372455-34513413.html.

搜狐新闻. 数字人民币冬奥赛场显身手：打破Visa对奥运会长达36年的支付垄断［EB/OL］. (2022-02-21)［2023-05-11］. https://www.sohu.com/a/524393532_120978428.

澎湃新闻. 城际铁路、数字人民币、绿色商场……眼热了！［EB/OL］. (2022-01-11)［2023-05-11］. https://www.thepaper.cn/newsDetail_forward_16242321.

新浪网. 记者在苏州体验"数字人民币"："碰一碰"就完成支付［EB/OL］. (2022-01-05)［2023-05-11］. http://k.sina.com.cn/article_7517400647_1c0126e4705902o4ko.html.

搜狐网. 数字人民币红包, 第3轮来啦!［EB/OL］. (2021-04-23)［2023-05-11］. https://www.sohu.com/a/462442761_349678.

新浪财经. "甬"有数币 支付新力量［EB/OL］. (2022-05-16)［2023-05-11］. https://finance.sina.com.cn/jjxw/2022-05-16/doc-imcwiw-st7619014.shtml.

网易新闻. 新鲜!杭州这个农贸市场买菜用上数字人民币, 怎么用?安全吗?小时新闻现场体验［EB/OL］. (2022-04-28)［2023-05-11］. https://www.163.com/dy/article/H617MKL N0512GTK3.html.

郝黎, 张蓝溪, 靳婷. 数字人民币应用试点"登陆"广东医疗机构, 覆盖三大应用场景［EB/OL］. (2022-05-05)［2023-05-11］. http://zl.39.net/a/220505/10772448.html.

郑文, 黄思佳. 方便快捷无网络也可缴费数字人民币在浙江省中医院落地［EB/OL］.（2022 - 05 - 09）［2023 - 05 - 11］. https：//www.
360kuai.com/pc/96977ca10fc66d537？cota＝3&kuai_so＝1&sign＝360_
57c3bbd1&refer_scene＝so_1.

网易新闻. 不下车、不开口、不进店、不付现 江苏银行南京分行"AI
无感加油"打造智慧出行［EB/OL］.（2021 - 12 - 17）［2023 - 05 -
11］. https：//www.163.com/dy/article/GREHO 6310514TTJI.html.

赵翼鹏，吕锦平，马世杰. 全国首个！长沙"解锁"数字人民币全场
景全流程纳税缴费［EB/OL］.（2021 - 12 - 24）［2023 - 05 - 11］.
https：//www.163.com/dy/article/GREHO6310514TTJI.html.

管延生，谢诗怡. 安防学院成为温州市首个使用数字人民币的高校
［EB/OL］.（2022 - 04 - 02）［2023 - 05 - 11］. https：//finance.sina.com.
cn/blockchain/roll/2022 - 04 - 02/doc-imcwiwss9574219.shtml.

辛文. 相城建行助力全国首例数字人民币股金在苏州冯梦龙村发放
［EB/OL］.（2021 - 12 - 30）［2023 - 05 - 11］. http：//iot.china.com.cn/
content/2021 - 12 - 30/content_41839888.html.

中国人民银行. 人民银行召开数字人民币研发试点工作座谈会［EB/
OL］.（2022 - 03 - 31）［2023 - 05 - 11］. http：//www.pbc.gov.cn/gout-
ongjiaoliu/113456/113469/4524364/index.html.

中国经济网. 数字人民币何时正式推出？央行：目前还无时间表
［EB/OL］.（2021 - 04 - 13）［2023 - 05 - 11］. http：//www.ce.cn/xwzx/
gnsz/gdxw/202104/13/t20210413_36468958.shtml.

新华网. 全球首个国有电子货币系统于厄瓜多尔诞生［EB/OL］.
（2015 - 02 - 08）［2023 - 05 - 11］. http：//www.xinhuanet.com//world/
2015 - 02/08/c_127471430.htm.

WHITE HOUSE. Executive Order on Ensuring Responsible Development of Digital Assets. ［EB/OL］（2022－03－09）［2023－05－11］. https://www.whitehouse.gov/ briefing－room/presidential－actions/2022/03/09/executive－order－on－ensuring－responsible－development－of－digital－assets/.

EUROPEAN CENTRAL BANK. The international role of the euro ［EB/OL］.（2021－06）［2023－05－11］. https://www.ecb.europa.eu/pub/ire/html/ecb.ire202106~a058f84c61.en.html.

腾讯网. 法国央行称大量批发型数字货币的发行或影响货币政策传导，央行必须完全控制［EB/OL］.（2021－11－09）［2023－05－11］. https://new.qq.com/omn/20211109/20211109A031IP00.html.

搜狐网. 日本率先探索数字货币的立法与实践意义重大［EB/OL］.（2017－05－31）［2023－05－11］. http://nads.ruc.edu.cn/mtjj/35f3988e74ef433f838647b6a9e73c45.htm.

新浪科技. 日本央行正式启动数字货币实验，数字货币全球性竞争加剧［EB/OL］.（2021－04－07）［2023－05－11］. https://finance.sina.com.cn/tech/2021－04－07/doc-ikmxzfmk5435227.shtml.

中国商务新闻网国际商报. 全球央行布局数字货币［EB/OL］.（2021－06－07）［2023－05－11］. http://sww.hangzhou.gov.cn/art/2021/6/7/art_1229451273_58896375.html.

BenMcLannahan. MtGoxfilesforbankruptcy, hitwithlawsuit ［EB/OL］.（2014－02－28）［2022－5－22］. http://www.reuters.com/article/2014/02/28/us-bitcoin-mtgox-bankruptcy-idUSBREAlRoFX20140228.

研究报告：

BECH M L, GARRATT R, 2017. BIS Quarterly Review. Central bank cryptocurrencies ［R］.

中国人民银行数字人民币研发工作组, 2021. 中国数字人民币的研发进展白皮书 ［R］.

国际清算银行, 2021. 全球央行数字货币调研报告 ［R］.